AF569762

Glen W. Bowersock

Die Wiege des Islam

Glen W. Bowersock

Die Wiege des Islam

Mohammed, der Koran und die antiken Kulturen

Aus dem Englischen
von Rita Seuß

C.H.Beck

Titel der englischen Originalausgabe:
«The Crucible of Islam»

Zuerst erschienen 2017 bei Harvard University Press,
Cambridge, MA, und London

Die Arbeit der Übersetzerin an diesem Buch wurde
vom Deutschen Übersetzerfonds gefördert.

Mit 2 Karten und 5 Abbildungen

Für die deutsche Ausgabe:

Satz: Fotosatz Amann, Memmingen
Druck und Bindung: GGP Media GmbH, Pößneck
Umschlaggestaltung: Rothfos & Gabler, Hamburg
Umschlagabbildung: Mosaikfries in der al-Aqsa-Moschee, Jerusalem

Gedruckt auf säurefreiem, alterungsbeständigem Papier
(hergestellt aus chlorfrei gebleichtem Zellstoff)
Printed in Germany
ISBN 978 3 406 73401 4

www.chbeck.de

Inhalt

Prolog

Die Religion, in deren Namen die arabischen Heere in der ersten Hälfte des siebten Jahrhunderts die Arabische Halbinsel verließen und binnen weniger Jahrzehnte Palästina, Nordafrika und Syrien eroberten, ist bis heute eine starke Kraft in der Weltpolitik. Woher diese Kraft kam, liegt heute genauso im Dunkeln wie damals, und der tendenziöse Charakter der meisten Quellen, die über diesen großen Umbruch berichten, war für Historiker ebenso hinderlich wie ihre eigenen Vorurteile. Nichtmuslimen, insbesondere Juden und Christen, fällt es schwer, angesichts der Welle muslimischer Eroberungen, die über die antiken Kulturen des Nahen Ostens hinweglief, sachlich zu bleiben. Nicht weniger schwer fällt es Muslimen, wissenschaftliche Strenge auf das Wort Gottes und eine historiographische Tradition zu verwenden, die deutlich späteren Datums ist als die Ereignisse, über die sie berichtet. Doch angesichts der immensen Autorität des Islams in der modernen Welt ist es für beide Seiten heute mehr denn je geboten, diese Mühen auf sich zu nehmen.

Die Pioniergeneration westlicher Islamwissenschaftler, unter ihnen Theodor Nöldeke, Julius Wellhausen und Ignaz Goldziher, bediente sich der Methoden der Klassischen Philologie, die Erasmus von Rotterdam und Wilhelm Gesenius erfolgreich auf das Studium des Neuen Testaments und der Hebräischen Bibel übertragen hatten. Für diese Wissenschaftler waren die alten Texte kritischer Analyse zugänglich. Inschriften, Papyri, Münzen und archäologische Ausgrabungen konnten diese Analyse ergänzen. Doch was den Islam betrifft, so hielt bekanntlich die Autorität des Korans als geoffenbartes Wort Gottes der Herausforderung durch Erasmus' Methode stand, gab es doch eine große zeitliche Kluft zwischen seiner Entstehung (wann und wie auch immer) und sehr viel späteren Berichten über den Kontext, dem er entstammte. Es dauerte fast zwei Jahrhunderte, bis muslimische Exegeten über ein Korpus an Quellen verfügten, die über die Entstehung ihrer Religion Aufschluss gaben. Doch in der Zwischenzeit hatte bereits ein komplizierter Prozess der Überlieferung und Umgestaltung stattgefunden. In diesen zwei Jahrhunderten waren nichtmuslimische Chronisten, Interpreten und Historiker in einer Vielzahl von Sprachen – vor allem Griechisch, Lateinisch, Armenisch, Syrisch und Arabisch – am Werk gewesen. Sie hatten sich des vorhandenen Materials großzügig bedient, das Spuren in ihren Schriften hinterließ, obwohl sie natürlich auch eine eigene doktrinäre Sicht vertraten.

Drei neuere Bücher veranschaulichen das Dilemma, mit dem jeder konfrontiert ist, der sich mit dem Schmelztiegel beschäftigt, in dem der Islam geformt wurde.[1] Auch wenn kaum ein Zweifel daran besteht, dass dieser Schmelztiegel im Nordwesten der Arabischen Halbinsel lag, trugen Kontakte zwischen dieser Region und den benachbarten Kulturen Palästinas, Himyars, Äthiopiens und Persiens unweigerlich dazu bei, ein explosives Gemisch zu schaffen. Dasselbe gilt für die Traditionen des Polytheismus, der hier seit Langem heimisch war, aber auch für die jüdischen und christlichen Gemeinden jüngeren Datums, deren Entwicklung von Feindseligkeit und blutiger Gewalt geprägt war. Die drei neuen Bücher untersuchen den Aufstieg des Islams auf sehr unterschiedliche Weise, folgen aber alle dem bekannten Weg, der mit Mohammeds Geburt in Mekka um 570 und den

Offenbarungen beginnt, die er durch Gabriel empfing, und sich mit seiner Auswanderung (Hidschra) nach Medina im Jahr 622 fortsetzt. Auf der Grundlage überlieferter Datierungen von Schlachten und Eroberungen übernehmen alle drei Bücher das Jahr 632 als das kanonische Datum von Mohammeds Tod und untersuchen anschließend die turbulente Herrschaft der vier sogenannten rechtgeleiteten Kalifen in der Nachfolge des Propheten vor der Gründung der Umayyaden-Dynastie in Damaskus um 661.[2] Doch in der Unterschiedlichkeit ihres Ansatzes verdeutlichen diese drei Bücher die Probleme, die mit der Erzählung der Geschichte vom Aufstieg des Islams verbunden sind.

Fred Donner schildert in seinem Buch *Muhammad and the Believers* die Geschehnisse in Form einer chronologischen Erzählung, die Zitate aus dem Koran und anderen frühen Dokumenten mit Zeugnissen aus den traditionellen muslimischen Quellen späterer Jahrhunderte vermischt. Er zeichnet ganz bewusst ein grundsätzlich sympathisches und wohlwollendes Bild der frühen Muslime, das gerade in der heute so angespannten politischen Situation akzeptabel sein könnte. Deshalb nennt er sie auch beharrlich «die Gläubigen», was selbstverständlich eine völlig korrekte Wiedergabe der Bezeichnung ist, die für die Anhänger Mohammeds oft verwendet wurde. Donner ist überzeugt, dass die Gemeinschaft der Gläubigen weitaus ökumenischer war, als viele andere Historiker dachten, und dass ihre Mitglieder offen waren für den Kontakt mit Juden und Christen und empfänglich für deren Ansichten. Donners Lesern ist schnell aufgefallen, dass seine Darstellung der islamischen Ursprünge eine erste Generation von Muslimen porträtiert, die weit weniger bedrohlich wirken, als es den Juden und Christen jener Zeit und den meisten Historikern seither erschien. Dabei übersieht er keineswegs die zahlreichen Zwistigkeiten und blutigen Auseinandersetzungen der Gläubigen mit Anhängern anderer Religionen, aber auch mit vielen aus ihren eigenen Reihen.

Robert Hoyland folgt in seinem Buch *God's Path*, einer Geschichte der arabischen Eroberung und der Gründung eines islamischen Reiches, einem Ansatz, der spätere und tendenziöse Texte als Quellen für die Frühzeit des Islams weitgehend ausklammert. Hierzu zählen nicht nur die arabischen Texte des Hadith, sondern auch die arabische Geschichtsschreibung (vor allem al-Tabarī), die arabisch-christliche Geschichtsschreibung (wie Agapius), zahlreiche syrische Chroniken sowie griechische Geschichtsdarstellungen wie die umfangreiche *Chronographia* von Theophanes dem Bekenner. Theophanes stützte sich auf heute verlorene Quellen, welche ihrerseits auf Quellen beruhten, die zu seiner Zeit bereits verschwunden waren. Da bis zum neunten Jahrhundert muslimische historische Quellen zur Frühzeit des Islams fehlen, beschloss Hoyland, sich auf jene erhaltenen Texte zu beschränken, die ausschließlich aus den ersten beiden Jahrhunderten der islamischen Ära stammen und somit ihre Autorität aus ihrer Nähe zu den geschilderten Ereignissen beziehen.

Doch diese Vorgehensweise ist riskant, handelt es sich doch zwangsläufig um christliche und jüdische Quellen, die zwar den Ereignissen, über die sie berichten, zeitlich nahestehen, aber auch unmittelbarer von ihnen gefärbt sind. Wie nicht anders zu erwarten, weisen sie eine unterschwellige Antipathie gegenüber den Muslimen auf. Diese Schwäche gleicht Hoyland geschickt dadurch aus, dass er sich den Völkern an den Rändern des muslimischen Territoriums zuwendet. Damit gewinnt er eine breitere Sicht auf die Ereignisse jener Epoche. Er richtet seinen Blick auf das weiter entfernte Georgien, nach Armenien und Zentralasien und kann durch Vergleiche nachverfolgen, welche Fehler die zeitgenössischen oder fast zeitgenössischen nahöstlichen Autoren in ihre Erzählungen einfließen ließen, sei es in böswilliger Absicht oder irrtümlich.

Hoylands Ansatz birgt jedoch die große Gefahr, dass wirklich aufschlussreiche Informationen, die die späteren muslimischen Berichte beisteuern könnten, außer Acht gelassen werden. Ein Historiker muss gegenüber dem Tendenziösen von Quellen stets wachsam bleiben, aber es ist nicht immer gerechtfertigt, sie vollständig zu verwerfen. Gefordert ist vielmehr eine sorgfältige Untersuchung der verschiedenen Versionen ein und derselben Geschichte, um ihre Konturen zu bestimmen, aber auch die Verzerrungen, denen sie unterworfen war. Dies hat in vorbildlicher Weise Maria Conterno in ihrer Analyse der Quellen getan, die Theophanes' Darstellung der beiden Jahrhunderte vor seiner Zeit zugrunde lagen.[3]

Die bei Weitem umfangreichste, gründlichste und am sorgfältigsten dokumentierte Darstellung der Anfangsjahre des Islams ist das dritte der jüngst erschienenen Bücher. Aziz al-Azmehs *The Emergence of Islam in Late Antiquity* hat aufgrund seines immensen Umfangs und seiner Tiefe in der modernen Forschung nicht seinesgleichen. Im Unterschied zu Donner und Hoyland versucht al-Azmeh gar nicht erst, eine kohärente Erzählung vom Aufstieg des Islams zu liefern, sondern zeichnet ein Bild der Kultur insgesamt, in der der Islam entstand. Al-Azmeh entfaltet seine Argumentation in einer dichten und oft theoretisch anmutenden Sprache, aber er weiß, was er tut. Vor allem kennt er die arabischen Quellen sehr genau und verfügt über außergewöhnlich gute Griechischkenntnisse, wie sie heute nur wenige Arabisten vorweisen können. Das war freilich nicht immer so, denn die arabische Philologie des Westens wurzelt in der Klassischen Philologie. Einer ihrer bedeutendsten Pioniere war Johann Jakob

Reiske im achtzehnten Jahrhundert, dessen Beiträge zur Kritik griechischer und arabischer Texte (Libanius und Abu'l fida) bis heute Bestand haben.

Al-Azmeh kann zwischen späteren muslimischen und den älteren christlichen und jüdischen Zeugnissen virtuos hin und her springen. Er schenkt den Rändern des muslimischen Territoriums die gebührende Aufmerksamkeit, wenn auch nicht so intensiv wie Hoyland, bedient sich aber auch systematisch der muslimischen Überlieferungen, während er gleichzeitig neue epigraphische Funde in verschiedenen semitischen Schriften und Sprachen und archäologische Funde in den Territorien des frühen Islams berücksichtigt. Seine Bezeichnung der frühislamischen Epoche als Paläo-Islam wird sich wahrscheinlich nicht durchsetzen, doch was al-Azmeh in dieser Epoche entdeckt, ergibt ein ganz anderes Bild als jenes, das westeuropäische, byzantinische und muslimische Historiker, die oft voneinander isoliert arbeiteten, von dieser Epoche zeichneten.

Trotz ihres unterschiedlichen Stils und Ansatzes erkennen Hoyland und al-Azmeh, dass unser Wissen über die Araber und ihre Religion zwischen etwa 560 und 660 irritierende Leerstellen aufweist. Doch genau diese hundert Jahre bilden den chronologischen Rahmen der Ereignisse, die den Gang der Weltgeschichte verändert haben. Die Jahre, die den Beginn und das Ende von Mohammeds Wirken markieren, liegen bekanntlich im Dunkeln. Diese zentrale Epoche umfasst den Zeitraum zwischen 610, als der Prophet Mohammed seine ersten Offenbarungen empfing, über seine Auswanderung nach Medina und die ersten Eroberungskriege bis 632, seinem Todesjahr. Was Arabien und die Ursprünge des Islams betrifft, so sind die angrenzenden Epochen zwischen 560 und 610 sowie zwischen 632 und 660 ganz besonders unscharf. Es ist schwierig, ein klares Bild von der arabischen Gesellschaft zur Zeit von Mohammeds Geburt zu gewinnen, und obwohl die Ära der Eroberungen in der islamischen Tradition besser dokumentiert ist, gehört auch die Herrschaft der vier rechtgeleiteten Kalifen nach Mohammed und vor der Gründung der Umayyaden-Dynastie in Damaskus zu diesen dunklen Epochen.

Das vorliegende Buch möchte nicht noch eine weitere Erzählung zum Aufstieg des Islams liefern, sondern einen Einblick in das chaotische Umfeld vermitteln, das den Islam möglich machte, und im Idealfall zu einem besseren Verständnis seiner Entstehung beitragen – ein Umfeld, das in seine eigene, die arabische Kultur eine Vielzahl von Einflüssen aus Regionen aufgenommen hat, die an Arabien angrenzen: aus Äthiopien, Palästina, dem Byzantinischen Reich und dem sassanidischen Persien.

Die Wissenslücke zu den Jahren zwischen 560 und 610 wird durch verstärkte Aktivitäten der sassanidischen Perser nach dem Tod des byzantinischen Kaisers Mauritius im Jahr 602 etwas gemindert. In ihrem Widerstand gegen den neuen Herrscher in Konstantinopel erkannten die Perser die Chance für eine erneute Eroberung, und 614 gelang ihnen die Einnahme Jerusalems. Doch über Arabien und den Nahen Osten in der Zeit vor Mauritius' Tod wissen wir kaum etwas. Das ist deshalb so alarmierend, weil genau in dieser Zeit Mohammed geboren wurde. Der Westen und Südwesten der Arabischen Halbinsel ist um die Mitte des sechsten Jahrhunderts, als der äthiopische Christ Abraha über die Region herrschte, einigermaßen gut dokumentiert. Abraha führte sogar einen Feldzug in der Region Mekka, der, wie wir sehen werden, möglicherweise im Koran einen Niederschlag gefunden hat. Doch nach Abrahas Tod und den erfolglosen Bemühungen seiner Erben, seine Herrschaft weiterzuführen, übernahmen um 570 die Perser die Kontrolle, und unser

Wissen wird spärlich und ungenau. Doch genau dies ist der überlieferte Zeitpunkt von Mohammeds Geburt. Von da an versiegen unsere Informationen bis zum Tod des Kaisers Mauritius.

Die vier Kalifen in der Nachfolge Mohammeds nach dessen Tod im Jahr 632 werden die rechtgeleiteten (*rāschidūn*) Kalifen genannt. Sie stammten mehr oder weniger aus dem innersten Kreis der neuen Religion. Allerdings herrschten sie in einer Zeit großer Unsicherheit, was sich unmittelbar daran zeigt, dass alle bis auf den ersten ermordet wurden. Diese vier Kalifen waren der Schwiegervater des Propheten, Abū Bakr (632–634), ʿUmar ibn al-Khattāb (634–644), ʿUthmān ibn Affān (644–656) sowie ʿAlī (656–661), der Cousin des Propheten. Schon diese groben Umrisse eines unruhigen Zeitalters belegen die Instabilität einer Epoche, die in der späteren muslimischen Tradition rückblickend ehrfürchtig als Goldenes Zeitalter betrachtet wird. Allein aufgrund dieser Instabilität konnten die Muslime Palästina, Syrien und Nordafrika erobern und das Modell für die erste islamische Dynastie schaffen: die ab 661 herrschenden Umayyaden. Die nachfolgende Umdeutung dieser unruhigen Zeit, die mit dem ersten von zwei Bürgerkriegen endete, sollte eineWarnung sein, die Überlieferungen späterer Jahrhunderte nicht unkritisch zu übernehmen. Das heißt allerdings nicht, dass sie keine Aufmerksamkeit verdienen. Der Historiker ist lediglich zur Wachsamkeit aufgerufen, sowohl gegenüber dem bis heute erhaltenen, in die Texte eingebetteten authentischen Material als auch gegenüber Entstellungen und Verzerrungen.

Die stürmischen Jahre der *rāschidūn* sind in den Überlieferungen zu den frühen Muslimen zumindest erkennbar. Die Ridda- oder Apostasie-Kriege begannen unmittelbar nach Mohammeds Tod, und mit dem ersten Bürgerkrieg ging die Ära der rechtgeleiteten Kalifen zu Ende, als sich 661 in Damaskus die

Umayyaden-Dynastie etablierte. Dennoch herrscht Unsicherheit darüber, wann und wie genau der Text des heiligen Buches des Islams schriftlich fixiert und wie er verbreitet wurde. Die traditionelle Sicht, unter ʿUthmān habe eine von diesem Kalifen überwachte Redaktion stattgefunden, wurde in jüngerer Zeit durch die Entdeckung eines frühen Palimpsestes in Sanaa infrage gestellt. Und selbst die Inschriften im Felsendom von Jerusalem, die lange Zeit als die ältesten Zitate von Koranversen galten, stimmen nicht mit der kanonischen Textfassung überein.[4]

Der Schmelztiegel, in dem der Islam geformt wurde, ist somit nach wie vor schwer zu fassen. Es wird vielleicht niemals möglich sein, ihn in allen seinen Details zu beschreiben. Wenn wir dennoch versuchen, seine groben Umrisse zu skizzieren und die in ihm geschmolzenen Elemente zu benennen, müssen wir uns sowohl vor der unkritischen Übernahme späterer muslimischer Tradition hüten als auch vor deren pauschaler Ablehnung. Auch auf nichtmuslimische Zeugnisse, die den Ereignissen, über die sie berichten, zeitlich näherstehen, können wir uns nicht unkritisch verlassen. Strenge Methodiken haben ihre Zeit gehabt. Einem klassischen Philologen und Althistoriker, wie es der Autor dieses Buches ist, mag die Bemerkung gestattet sein, dass der Richtungsstreit, der der westlichen Erforschung der Frühzeit des Islams so zugesetzt hat, beendet werden sollte. Hier ist nicht der Ort, diese Streitigkeiten wieder aufzugreifen. Minimalismus ist kein Weg, um Licht in ein dunkles Zeitalter zu bringen. Den Koran ausschließlich aus sich selbst heraus zu interpretieren, ohne Quellen von außerhalb oder aus späterer Zeit heranzuziehen, ist unklug und unhistorisch, auch wenn es dem Wissenschaftler das Leben erleichtert oder oberflächlich gesehen sogar plausibel erscheint. Dasselbe gilt für die ausschließliche Berücksichtigung jüdischer und christlicher Texte über die Ursprünge des Islams.

Dass die islamischen Texte späteren Datums sind, entbindet den Historiker nicht davon, zu fragen, was die Araber zu dem Zeitpunkt dachten und sagten, als diese älteren Texte geschrieben wurden. An wen richteten sich die nichtmuslimischen Autoren? Welche Texte lasen sie und in welchen Sprachen? Die Juden standen ebenso im Austausch mit den Arabern wie die Christen. Wenn ein Christ, der in syrischer Sprache über die Araber schrieb, in Umschrift Griechisch zitierte, woher hatte er das? Wenn Johannes von Damaskus in seiner griechischen Rhetorik Korankapitel (Suren) zitierte, woher besaß er Kenntnis davon?[5]

Was folgt, ist ein Versuch, das komplexe kulturelle und soziale Milieu zu beschreiben, das die Entstehung einer neuen Religion ausgerechnet in dem Raum begünstigte, wo Judentum, Christentum und alte heidnische Kulte jahrhundertelang überdauert hatten. Es ist ein Versuch, der nicht auf einer bestimmten Methodik beruht, sondern – in der alten klassischen Tradition Richard Bentleys – so oft wie möglich die kritische Vernunft gegenüber dem aufbietet, was, zu Recht oder Unrecht, als Faktum tradiert wurde: *ratio et res ipsa*.

I

Das arabische Reich König Abrahas

Der Westen der Arabischen Halbinsel von Aqaba nach Süden bis zum Indischen Ozean war Teil eines internationalen Macht- und Handelsnetzes. Das Territorium des Hedschas im Nordwesten, der Küstenstreifen Tihāma entlang der Westküste, das Nadschd-Plateau im Landesinnern mit der Oase al-Yamāma im Osten sowie Himyar im Süden, das in etwa dem heutigen Jemen entspricht, sahen sich von furchteinflößenden Mächten umzingelt, allen voran Byzanz, das Palästina und Syrien im Norden kontrollierte, und das sassanidische Persien, das Mesopotamien und den Iran im Nordosten beherrschte. Aber es gab auch Fernhandel, der im westlich gelegenen Roten Meer begann und endete. Die Kaufleute befuhren den Indischen Ozean zwischen dem Persischen Golf im Osten der Arabischen Halbinsel und Häfen an der ägyptischen und äthiopischen Küste. Die wirtschaftliche Bedeutung Arabiens konnte von den beiden rivalisierenden Reichen nicht ignoriert werden. Noch vor der Erschließung von Seehandelsrouten in hellenistischer Zeit verfügte Westarabien über Inlandsrouten, auf denen Essenzen und Gewürze aus dem Hadramaut nach Transjordanien und Syrien im Norden und ans Mittelmeer im Westen gelangten.

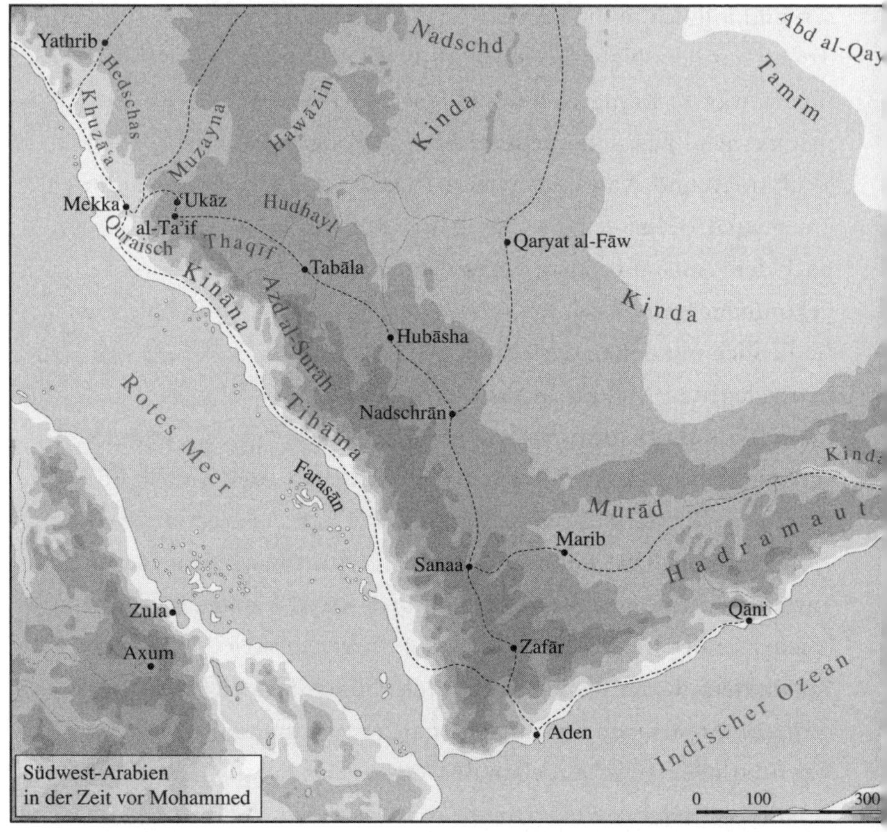

Südwest-Arabien
in der Zeit vor Mohammed

Die gesamte Region war reich an Geschichte und Traditionen. Vor den Byzantinern und den Sassaniden hatten bereits die Römer versucht, diesen Raum zu kontrollieren. Unter den antoninischen Kaisern hatten sie auf den Farasān-Inseln vor der westarabischen Küste im Roten Meer eine Militärgarnison gegründet, um eine dauerhafte Sicherheit der Handelsrouten zwischen Arabien und Ägypten zu gewährleisten.[1] Der Hedschas im Norden mit der Gräberstadt Madāʾin Sālih, eine Art kleines Petra, war einst der südliche Teil des alten Nabatäerreichs gewesen und folglich in die Provinz Arabia eingegliedert worden, die Trajan aus dem Nabatäerreich schuf. Weiter südlich im Landesinnern war im Königreich des Hudschriden-Stammes der Kinda in Qaryat al-Fāw eine bedeutende Siedlung entstanden, deren Skulpturen und Wandmalereien sich griechische Vorbilder kühn aneigneten.[2] Zur selben Zeit gründeten jüdische Siedler, die nach dem Aufstand gegen Titus von Jerusalem auf die Halbinsel gekommen sein könnten, Gemeinschaften in Yathrib, die schließlich mit denen des Stammes der Quraisch im weiter südlich gelegenen Mekka rivalisierten. Eine große christliche Gemeinde in Nadschrān noch weiter südlich belegt die Ausbreitung der byzantinischen Staatsreligion in einem der wichtigsten Territorien an der Peripherie des Byzantinischen Reiches.

Im frühen dritten Jahrhundert, als sie noch Heiden waren, hatten die Äthiopier von Axum Himyar im Südwesten der Arabischen Halbinsel erobert – möglicherweise eine Reaktion auf Rivalitäten, denen die antoninischen Kaiser mit der Errichtung der Militärgarnison in Farasān hatten zuvorkommen wollen. Unerklärlicherweise verließen die Äthiopier nach kaum hundert Jahren die Region wieder und kehrten in ihre Hauptstadt am Horn von Afrika zurück. Doch mit ihrem Abzug fiel das Gebiet aggressiven arabischen Stämmen zum Opfer, die im späten vierten Jahrhundert zum Judentum übertraten und in Himyar ein eigenes Reich errichteten.[3] Ihre Konversion zum Judentum und die Übernahme des Namens Israel könnte die Folge einer starken Ausbreitung des Monotheismus gewesen sein, die, ausgehend von jüdischen Siedlungen auf der Arabischen Halbinsel, im vierten Jahrhundert begann. Durch einen erstaunlichen Zufall vollzog sich diese dramatische Entwicklung genau in dem Moment, als sich die Äthiopier auf der anderen Seite des Roten Meeres von ihren alten Göttern abwandten und zum Christentum übertraten.[4] Es kann nicht überraschen, dass das junge Byzantinische Reich mit Sitz in Konstantinopel und das etwas ältere persische Sassanidenreich mit seiner Hauptstadt Ktesiphon in Mesopotamien diese Entwicklungen in Arabien, ihren eigenen Einflusssphären, mit Sorge betrachteten.

Die Organisation der arabischen Bevölkerung in Stämmen stellte eine Großmacht, die am wirtschaftlichen, militärischen und religiösen Potenzial einer komplexen Gesellschaft so nah an ihrer Grenze ein ureigenes Interesse hatte, vor diplomatische Probleme. Byzanz versuchte, das alte römische System der Klientelkönige zu reaktivieren, indem es seinen arabischen Verbündeten, der Stammeskonföderation der Ghassāniden (oder richtiger Dschafniden, nach ihrer herrschenden Dynastie in Dschabala im südlichen Syrien), beistand. Die Perser konterten mit der Unterstützung eigener Klienten, der Stammeskonföderation der Lachmiden (oder richtiger Nasriden, nach einer Herrscherdynastie in al-Hīra nahe der Grenze zwischen arabischem und persischem Territorium).[5] Die große christliche Bevölkerungsgruppe in der nasridischen Hauptstadt war vielleicht die Nachkommenschaft ehemals jüdischer Siedler, und in der Unterstützung dieser Gemeinschaft durch die zoroastrischen Perser spiegelten sich nicht nur die internationalen politischen Notwendigkeiten jener Zeit, sondern auch die Bereitschaft der Führer unterschiedlicher Religionsgruppen, sich gegen einen mutmaßlich gemeinsamen Feind zusammenzuschließen.[6]

Diese Art großräumiger Diplomatie an den Rändern Arabiens reichte jedoch kaum aus, um die turbulenten Geschehnisse in den entfernten und zersplitterten Stammesgesellschaften der Steppe und entlang der Küste im Blick zu behalten, geschweige denn zu kontrollieren. Als die jüdischen Könige von Himyar begannen, die Christen in ihrem Reich zu verfolgen, sahen die christlichen Äthiopier, die alle Christen der Region unter einer Herrschaft vereinen wollten, die Gelegenheit gekommen, das Reich an der südwestlichen Spitze der Arabischen Halbinsel zurückzuerobern, das sie ein paar Jahrhunderte zuvor aufgegeben hatten.

Im Jahr 525 beschloss der regierende König der Äthiopier in Axum, der den lokalen Titel *negus* trug, in Himyar einzufallen, nachdem er seinem Geburtsnamen Ella Asbeha den biblischen Namen Kālēb hinzugefügt hatte. Dieser folgenreiche Feldzug bildete den Höhepunkt seines Herrschaftsanspruchs über weite Teile des Jemen, wie ihn seine Vorfahren ein paar Jahrhunderte zuvor erhoben hatten. Sein Entschluss entsprang der Ansicht der äthiopischen Christen, dass Christen in angrenzenden Gebieten wie Südwestarabien befreit, das heißt äthiopischer Herrschaft unterstellt werden müssten. Mit seiner Invasion beendete Kālēb die jüdische Herrschaft in Himyar unter dem fanatischen König Joseph (Yūsuf), der 523 unter den Christen in Nadschrān ein Massaker verübt hatte. Diese Gräueltat hatte der äthiopischen Invasion als Rechtfertigung gedient.[7] Der byzantinische Kaiser spielte hierbei insofern eine Rolle, als er den *negus* zu dieser Invasion ermunterte, trotz der Unterschiede zwischen dem miaphysitischen Christentum der Äthiopier, für die Christus nur eine einzige, göttliche Natur hat, und der chalcedonischen Orthodoxie von Byzanz, nach der Christus zwei Naturen hat, eine göttliche und eine menschliche.

Kālēbs Sieg in Himyar besiegelte das Ende des himyaritischen Judentums, an dessen Stelle nun das Christentum trat. Die Äthiopier setzten in der Region einen neuen, eigenen Herrscher ein, Sumyafa ʿAschwaʿ, der sich allerdings nicht lange halten konnte. Nach einer kurzen Zeit der Ungewissheit stieg aus den Rängen der Besatzungsarmee der äthiopische General Abraha, angeblich ein Sklave aus der Hafenstadt Adulis, zum neuen christlich-äthiopischen König von Himyar auf, und er hatte definitiv nicht den Wunsch, lediglich Kālēbs Stellvertreter zu sein.[8] Da die äthiopischen Soldaten in Arabien das angenehme jemenitische Küstenklima dem Klima ihrer Heimat vorzogen, erhoben sie einen aus ihren Reihen zum Herrscher und unterstützten ihn. Kālēb hatte gewiss erwartet, Abraha werde sein Statthalter in Arabien sein. Wie sich jedoch herausstellte, verfolgte der neue Herrscher eigene, sehr viel ehrgeizigere Pläne. Er wollte keine Marionette des axumitischen Herrschers sein, sondern regierte mehrere Jahrzehnte lang entschlossen und unabhängig.[9]

Abraha eignete sich sämtliche Titel an, die die Könige von Himyar in der Vergangenheit innegehabt und nach denen die äthiopischen Herrscher bereits gestrebt hatten, als sie noch gar keinen rechtmäßigen Anspruch darauf hatten. In dieser Herrschaftstitulatur äußerte sich ein äthiopischer Irredentismus, das heißt die Ansicht, die christlich besiedelten Gebiete auf der Arabischen Halbinsel seien von Äthiopien aus zu befreien. Stolz erklärte er sich zum König von Saba, dhū-Raydān, Hadramaut, Yamanat und der nomadischen Araber von Tawd und Tihāma. Sein tatsächlicher Herrschertitel hingegen ist weniger klar. Der gängigen Bedeutung der sabäischen Wörter auf einer großen Inschriftenstele von 547 zufolge war er «Vizekönig» (*ʿzly*) oder «stellvertretender König», doch für einen so selbstbewussten und tatkräftigen Herrscher wie Abraha erscheint dies nicht sehr plausibel. Es ergibt mehr Sinn, *ʿzly*, gefolgt von *mlkn ʾgʿzyn*, als Beschreibung dafür zu verstehen, dass er ein Herrscher war, der den Königstitel trug. Auch sein Beiname *Rmhs³* ist rätselhaft. Durch den Vergleich mit arabischen Wörtern, die von «Lanze» oder «Speer» abgeleitet sind, wurde *Rmhs³* einleuchtend als «mutig» interpretiert; einer anderen, weniger plausiblen Deu-

Abb. 1 Große Inschriftenstele des Abraha am Staudamm von Marib aus dem Jahr 547.

tung zufolge handelt es sich um eine Form des griechischen *Rhōmaios.*[10] Prokopius' Behauptung jedoch, Abraha sei der ehemalige Sklave eines byzantinischen Kaufmanns gewesen, ist wenig glaubwürdig.[11]

Dass Abraha nicht nur der Stellvertreter des äthiopischen *negus* von Axum sein wollte, stand ganz im Einklang mit den Wünschen der äthiopischen Soldaten, die sich geweigert hatten, nach Hause zurückzukehren. Ob Kālēb nun starb oder sich in ein Kloster zurückzog: es besteht kein Zweifel daran, dass Abraha sein arabisches Königreich nach eigenem Gutdünken regieren konnte. So ergriff er weitreichende Maßnahmen, um die Religion zu festigen, die er in der Region einführte.

Die äthiopische Eroberung Himyars bedeutete das Ende des Judentums als Staatsreligion, und das Christentum, das an seine Stelle trat, scheint mit den stark syrisch geprägten Traditionen Nordwestarabiens eng verbunden gewesen zu sein. Abrahas Inschriften unterscheiden sich auffällig von denen seines kurzlebigen Vorgängers: etwa im Gebrauch syrischer Lehnwörter für christliche Begriffe wie *rūh* (Geist) anstelle des äthiopischen *manfas*, und ganz deutlich in der aramäischen Anleihe bei dem sabäischen *byt*, Kirche. Das aus dem hellenistischen Christentum stammende griechische *ekklēsia* wiederum ist in dem Namen von Abrahas großer Kirche in Sanaa enthalten, al-Qalīs: ein Wort, das aus den Konsonanten des griechischen *ekklēsia* gebildet ist.[12] Daraus muss man folgern, dass das Christentum, das die Äthiopier in Himyar einführten, nicht das äthiopische Christentum war. Offensichtlich ging es Abraha darum, das Christentum zu stärken, das hier bereits existierte und das in der Region schon mehrere Jahrhunderte überdauert hatte. Es handelte sich also nicht unbedingt um das miaphysitische (nichtchalcedonische) Christentum, was die byzantinische

Unterstützung erklären könnte, die der neue Machthaber erhielt.

Abrahas Herrschaft in Himyar war eine Phase der Konsolidierung. Er ließ Kirchen bauen und den gebrochenen großen Staudamm in Mārib reparieren. Um seine Bedeutung auf dem internationalen diplomatischen Parkett zu bekräftigen, berief er 547, zur Zeit des Dammbruchs und der notwendigen Instandsetzungsarbeiten, eine große Konferenz in der Stadt ein. An diese Konferenz und an die Reparatur des Staudamms erinnert eine Inschrift.[13] Abraha lud die Herrscher der zu jener Zeit mächtigsten Völker des östlichen Mittelmeerraums ein. Es kamen Gesandtschaften aus Konstantinopel und Ktesiphon, Repräsentanten der beiden Großreiche, die der persische Schah Chosrau später in einem Brief an den byzantinischen Kaiser Mauritius «die zwei Augen der Welt» nannte.[14] Es kamen Vertreter der dschafnidischen Klienten von Byzanz, der nasridischen Klienten Persiens, des von Kaiser Justinian eingesetzten arabischen Gouverneurs (des Phylarchen) von Palästina sowie des äthiopischen *negus* von Axum.

Abrahas Kirche in Sanaa war eines der Wunder Arabiens. Der arabischen Überlieferung zufolge wurden für das neue große Bauwerk Steine und Marmor aus dem Palast in Mārib nach Sanaa gebracht. Die prächtigen Mosaiken wurden mit goldenen und silbernen Kreuzen verziert. Der Grundriss der Kirche, offenbar ausgeprägt syrisch, folgte dem Vorbild der Grabeskirche in Jerusalem. Arabische Quellen berichten, der Kaiser in Konstantinopel habe Marmor und Mosaiken, aber auch Handwerker geschickt, die die Arbeiten ausführten.[15] Da die Kirche als Wallfahrtsstätte gedacht war, wurden Herbergen für die Pilger gebaut. Einer arabischen Quelle zufolge, der großen Chronik des al-Tabarī, sollte die Qalīs aber vor allem in Konkurrenz zur Kaaba in Mekka treten, zu der die arabischen Stämme pilgerten. Für die Hüter der Kaaba, die mekkanischen Quraisch, war damit natürlich die Vormachtstellung Mekkas über die arabischen Heiden bedroht, und es spricht einiges dafür, dass sie Angriffe gegen Christen führten und sogar versuchten, die Kirche in Sanaa mit Exkrementen zu entweihen.[16] Nur wenige Jahre später unternahm Abraha seinerseits einen Feldzug gegen Mekka.

Doch zuerst musste er sich mit anderen Gegnern seiner Herrschaft auseinandersetzen. Kurz bevor er seine internationale Konferenz einberief und den gebrochenen Staudamm von Mārib demonstrativ instand setzen ließ, galt es, einen Aufstand im östlichen Landesinnern niederzuschlagen. Dessen Anführer war niemand anderer als Yazīd ibn Kabschat aus einer Nebenlinie des Stammes der Kinda, den Abraha zum Gouverneur der Kinditen ernannt hatte. Offenbar gelang es Yazīd, jene lokalen Aristokraten zu mobilisieren, die in der Vergangenheit die himyaritischen Juden gegen die Äthiopier unterstützt hatten und nun eine Gelegenheit sahen, ihre alte Befehlsgewalt zurückzugewinnen. Der Aufstand breitete sich nach Süden in den Hadramaut aus, bevor Abrahas Streitkräfte die Rebellen nach Kinda zurückdrängen konnten. Wie seine große Inschriftenstele von 547 verrät, geschah dies zur selben Zeit, als der Staudamm von Mārib brach und die Gesandtschaften der internationalen Machthaber auf Abrahas Einladung in der Stadt zusammenkamen.[17] Die verschiedenen Projekte, mit denen der König in jenem Jahr beschäftigt war, bezeugen seine Klugheit und Tatkraft. Dennoch dürfen wir der Selbstüberhöhung des Herrschers in dieser einen Inschrift nicht erliegen, denn die epigraphischen Zeugnisse seiner Regierungszeit sind verstreut und stehen nicht unbedingt für eine langfristige Großmachtpolitik.

Zufallsfunde jedoch förderten einen weiteren großen Feldzug zutage, den Abraha Anfang der 550er Jahre führte, also nur wenig später. Diesmal zog er mit seinen Truppen nach Norden statt nach Osten und Süden, in ein Territorium im Landesinnern, das auf dem Weg nach Mekka liegt. Inschriften aus Biʾr Murayghān nördlich von Nadschrān in Zentralarabien berichten von mehreren Feldzügen Abrahas, darunter einem gegen den Stamm der Maʿadd, der als der vierte Angriff auf diesen Stamm bezeichnet wird.[18] Es ist denkbar, dass Abraha mit diesen vier Einfällen versuchte, die persische Präsenz in Zentralarabien zu destabilisieren. Prokopius berichtete um 550 von Abrahas Bestreben, den persischen Einfluss zu schwächen, und in der ersten Inschrift von Biʾr Murayghān ist die Rede von einer Siedlung mit einem lokalen Fürsten namens ʿAmr, dem Sohn einer Prinzessin von Kinda und des Scheichs der nasridischen Klienten Persiens, al-Mundhir. Abrahas Feldzug endete in Halibān mit seiner Anerkennung ʿAmrs als Führer der Maʿadd, wofür er im Gegenzug ʿAmrs Sohn als Geisel erhielt.

Zur selben Zeit führte er einen von zwei seiner Generäle befehligten Feldzug in den Hedschas im Nordwesten, an dem Soldaten aus vier Stämmen der Region teilnahmen, darunter die Kinda und die Murād, die in der Vergangenheit gegen die Äthiopier gekämpft hatten. Dieser Vorstoß in den Hedschas unweit von Mekka mit Armeen aus den vier Stämmen stärkte Abrahas diplomatische Initiative in Halibān, konsolidierte seine Kontrolle über Gebiete weit entfernt von seiner Hauptstadt Sanaa und sandte den Persern ein warnendes Signal, dass Zentralarabien jetzt ihm gehörte. Die bedrohliche Nähe seiner Truppen im Jahr 552 gab den Quraisch in Mekka allen Grund zur Besorgnis.

Wie tief jedoch die Spuren waren, die Abrahas Feldzüge in der arabischen Überlieferung hinterlassen haben, bleibt eine offene Frage. Einige sehen in der vorislamischen Dichtung einen Nachhall der militärischen Operationen in Halibān.[19] Wichtiger jedoch sind die Spuren im Koran, wo es heißt, eine von einem Elefanten begleitete Armee sei auf ihrem Weg nach Mekka zurückgedrängt worden. In Sure 105 heißt es: «Sahst du denn nicht, was dein Herr den Leuten des Elefanten antat? Ließ er nicht ihre List das Ziel verfehlen und sandte auf sie nieder Vogelscharen, die sie mit Steinen aus gebranntem Ton bewarfen?» Diese Abwehr wird bisweilen als Gründungsmythos der quraischitischen Oberhoheit in Westarabien am Vorabend der Hidschra betrachtet und oft mit Abrahas Invasion des Jahres 552 in Verbindung gebracht. Doch die Gleichsetzung mit Abrahas Feldzug ist keineswegs Konsens, und das koranische Jahr des Elefanten (*ʿām al-fīl*) muss ein unsicheres Datum bleiben. Dass es allerdings innerhalb von Abrahas Regierungszeit liegt, ist sehr wahrscheinlich, ebenso, dass der Feldzug mit seinem Bestreben zu tun hatte, die Autorität der Kaaba zu schwächen.

2009 wurde in Biʾr Murayghān eine weitere Inschrift zu Abrahas militärischen Unternehmungen entdeckt.[20] Sie ist undatiert, muss aber später entstanden sein als die von 552, da sie von ʿAmrs Absetzung aus der Führungsposition berichtet, in die Abraha ihn berufen hatte. Die neue Inschrift verkündet einen Sieg Abrahas, der seine Oberhoheit über die Maʿadd wiederherstellte und sein Territorium nach Nordosten und Nordwesten erweiterte, so dass jetzt auch Yathrib dazugehörte. Dieser Feldzug, der irgendwann nach 552 stattgefunden haben muss, verhalf Abrahas Reich zu seiner größten Ausdehnung. Es war nunmehr ein großer christlicher Staat zwischen dem byzantinischen Palästina und dem persischen Irak. Doch er sollte nicht von Dauer sein.

Obwohl Abraha sich mit seinen äthiopischen Streitkräften von den Herrschern in Axum weitgehend unabhängig gemacht hatte, muss der Zusammenbruch der äthiopischen Monarchie um diese Zeit, auf den das Ende der axumitischen Münzprägung hindeutet, die äthiopische Präsenz in Arabien unter Abraha doch geschwächt haben. Irgendwann nach 560 folgten ihm zwei unfähige und gewalttätige Söhne auf dem Thron, von denen einer der arabischen Überlieferung zufolge Yaksum hieß, was eindeutig eine Deformation von Aksum ist. Der strahlende Glanz der Siege, von denen die Bi'r Murayghān-Inschriften künden, wich einer Düsternis, die den Arabern der Halbinsel offenbar all ihren Mut raubte und es schließlich den Persern ermöglichte, ihre Verbindungen zu Arabien zu reaktivieren, die sie zur Zeit der jüdischen Könige geknüpft hatten.

Nach der desaströsen Herrschaft von Abrahas Söhnen versuchte ein gewisser Sayf ibn dhī Yazan, die Äthiopier mit Hilfe einer ausländischen Macht zu vertreiben. Er habe, heißt es, eine Delegation zum byzantinischen Kaiser geschickt und ihm die arabische Unterwerfung unter seine Herrschaft angeboten, wenn er die Äthiopier vertreibe. Doch der Kaiser in Konstantinopel lehnte das Angebot unumwunden ab. Wie al-Tabarī schreibt, hätte er einen Gouverneur in die Region schicken und völlig neue Verwaltungsstrukturen aufbauen müssen.[21] Daher wandte sich Sayf auf dem Umweg über die Nasriden an den persischen König Chosrau, der seiner Bitte bereitwillig nachkam. Chosrau ernannte General Wahrīz (was wohl eher ein Titel als ein Name war) zum Oberbefehlshaber einer Militäroperation, um die persische Macht zu installieren.

Was Abraha hinterließ, war das vergiftete Erbe eines Kampfes zwischen den Christen und den heidnischen Polytheisten, dessen Symbole die Qalīs in Sanaa und die Kaaba in Mekka waren. Er hatte sein Herrschaftsgebiet kühn und erfolgreich nach Zentral- und Westarabien erweitert und seinem Reich dabei Kinda einverleibt. Und er hatte seine Streitmacht bis nahe an Mekka herangeführt. Ob es jedoch ein wundersamer Angriff von Vögeln war, der ihn zur Umkehr zwang, wird für immer ein Geheimnis bleiben.

Seine Herrschaft besiegelte den Niedergang der alten himyaritischen Hauptstadt Zafār in den Bergen südwestlich von Mārib und südöstlich von Sanaa. Unter Abraha verlor Zafār seinen Glanz, weil der König den beiden anderen Städten den Vorzug gab. Neuere archäologische Grabungen eines Teams aus Heidelberg jedoch förderten in Zafār das eindrucksvolle Relief eines schnurrbärtigen, gekrönten und unverkennbar christlichen Königs zutage.[22] Skulpturen und Reliefs am Grabungsort deuten überdies darauf hin, dass es in der Stadt ein sehr viel aktiveres christliches Leben gegeben hat als bisher vermutet; so existierte etwa auch eine Kirche.[23] Doch die Ausgrabungen stützen in keiner Weise den detaillierten, aber wenig glaubwürdigen Bericht über christliche Kirchen in Zafār, der sich in der weitgehend fiktionalen Erzählung über einen historisch nicht bezeugten Heiligen namens Gregentius findet.[24]

Das Machtvakuum, das mit dem Ende des Hauses Abraha entstand, erlaubte es den Persern, die Herrschaft über die Region zu übernehmen. Sie reaktivierten ihr altes Bündnis mit den arabischen Juden und ihre Schutzherrschaft über die Nasriden in al-Hīra. Einen Versuch, den Zoroastrismus nach Arabien zu importieren, scheinen sie nicht unternommen zu haben, doch das war für ihre Zwecke auch gar nicht notwendig. Sie verfügten ja bereits über ausreichenden Rückhalt in den jüdischen Gemeinden, die nach Kālēbs Eroberung noch existierten, sowie über die Unterstützung der Heiden, die an ihren polytheistischen Kulten festhielten. Von den traditionellen Kultstätten gab es jetzt zwar weniger als zuvor, aber es waren immer noch recht

Abb. 2 Die einzige erhaltene christliche Statue im Südjemen aus vorislamischer Zeit wurde in Zafār, der Hauptstadt des Reiches von Himyar, ausgegraben.

viele. Für die Christen war es keine gute Zeit. Zwischen dem Ende des Christentums in Arabien um 560 und dem kanonischen Geburtsjahr Mohammeds um 570 hatten die Perser zehn Jahre Zeit, ihren Einfluss zu festigen. Byzanz konnte vom geschwächten Königreich Äthiopien keine Hilfe in Arabien mehr erwarten, und der byzantinische Kaiser hatte in weiser Voraussicht mit dem sassanidischen König ein Arrangement getroffen.

Weder er noch der persische Schah hatten den geringsten Grund, anzunehmen, dass in Mekka bald ein Prophet auftauchen würde, der den Lauf der Weltgeschichte verändern sollte.

2

Arabischer Paganismus in der Spätantike

Fast zweihundert Jahre lang, zwischen etwa 380 und 560, existierte in Arabien ein monotheistischer Staat, zuerst jüdisch, dann christlich: das Königreich Himyar (mehr oder weniger identisch mit dem heutigen Jemen) im Südwesten der Arabischen Halbinsel. In den ersten einhundertvierzig Jahren dieses Zeitraums waren dessen Herrscher Araber, die in großer Zahl zum Judentum übergetreten waren. Aus bisher noch unbekannten Gründen importierten die Äthiopier Ende der 490er Jahre das Christentum aus Axum nach Arabien, allerdings nur für kurze Zeit, danach wurde die jüdisch-arabische Herrschaft wiederhergestellt, bis sich die Spannungen in der blutigen Verfolgung von Christen in Nadschrān entluden. Das bot den Äthiopiern den Anlass, im Jahr 525 zurückzukehren und ein christliches Reich zu gründen, das unter König Abraha eine fast vierzigjährige Blütezeit erlebte und sich immer weiter ausdehnte. Erst nach Abrahas Tod übernahmen die Perser, von den Arabern selbst dazu aufgefordert, die Herrschaft in Arabien.

Mit der Unterwerfung Arabiens unter die Befehlsgewalt der zoroastrischen Perser endete der staatlich geförderte Monotheismus in Arabien. Die noch bestehenden jüdischen und christlichen Gemeinschaften hatten nun zwar keine internationalen Schutzherren mehr, praktizierten aber ihre Religion weiter: die Christen in Städten wie Sanaa und Zafār, die Juden in Zafār und Yathrib.[1] Die langen Jahre des jüdischen und christlichen Monotheismus als Religion der Obrigkeit trugen natürlich zum Niedergang der heidnischen Kulte bei, die im Verlauf des sechsten Jahrhunderts über immer weniger Tempel verfügten. Doch die noch existierenden Kulte blieben weitgehend so, wie sie vor den monotheistischen Jahrhunderten gewesen waren. Der Paganismus war traditionell polytheistisch, und nicht weniger traditionell war seine Verbindung zu den Wüstenstämmen.

Die Kaaba in Mekka, zu der die Stämme nach wie vor pilgerten, war ein heiliger Bezirk (*haram*), der städtisch geprägt und dessen Klientel nicht auf das lokale Umfeld beschränkt war. Auch andere Städte wie Dūmat al-Dschandal und Tā'if hatten polytheistische Schreine. Die Zahl von dreihundertsechzig vorislamischen Göttern, von der die arabische Tradition ausgeht, ist sicher aus der Luft gegriffen, aber auch die in den letzten Jahren aufgestellte Behauptung, Allah sei der einzige Gott gewesen, gehört ins Reich der Phantasie.[2] Der Polytheismus des späten sechsten Jahrhunderts hat so viele neuerdings entdeckte Spuren auf Stein hinterlassen, dass an der Vielzahl heidnischer Kultbilder noch zu jener Zeit heute kein Zweifel mehr bestehen kann, so sehr die monotheistischen Herrscher deren Verehrung auch eingeschränkt haben mögen. Eine detaillierte Liste dieser Götterbilder hat Ibn al-Kalbī in einem Text zusammengestellt, der erst in der zweiten Hälfte des zwanzigsten Jahrhunderts zugänglich wurde.[3] Ibn al-Kalbī schrieb zwar erst nach den Offenbarungen, die der Prophet Mohammed empfing, und er lieferte nur Indizien, aber seine Vergleiche mit Kulten außerhalb Arabiens (zum Beispiel in Palmyra) zeigen, dass er ziemlich gut informiert war.

Die Verwendung des Begriffs «Paganismus» ist problematisch geworden, weil er keine klar umrissene Bedeutung hat. Paganismus wird gewöhnlich durch das definiert, was er nicht ist, und im griechisch-römischen Mittelmeerraum hieß dies: weder jüdisch noch christlich. «Pagan», heidnisch, bezeichnet im Lateinischen (*paganus*) einen bäuerlichen Landbewohner, und tatsächlich können viele lokale Kulte, bei denen Bäume, Quellen und andere Naturphänomene verehrt wurden, diese Bezeichnung erklären. Doch im Griechischen verweist das frühchristliche Wort für pagan (*ethnikos*) lediglich auf ethnische oder nationale Unterschiede. Es ist abgeleitet von *ethnos*, Volk oder Nation, ähnlich wie das hebräische *goy*, das in der Bibel «Volk» oder «Nation» meint, später aber einen Bedeutungswandel vollzog und Nichtjuden bezeichnete. Die Übersetzung der Bibel ins Griechische, die Septuaginta, begünstigte natürlich diese Bedeutungsverschiebung. Das lateinische Äquivalent des griechischen *ethnikos* wurde *gentilis*, und schließlich bezeichneten *ethnikos* und *gentilis* – wie *goy*, aber auch das englische *gentile* – einen Nichtjuden.[4]

Doch in späteren christlichen Texten wich *ethnikos* im Sinne von heidnisch dem Begriff *hellēn* (Grieche), weil in nachkonstantinischer Zeit die Pflege der klassischen griechischen Kultur in der Regel mit der heidnischen griechischen Religion verknüpft war, die weder christlich noch jüdisch war. Doch obwohl *hellēn* im späteren Griechisch ein zunehmend gebräuchliches Wort für Paganismus wurde, verlor es nie ganz seine Verknüpfung mit dem Hellenismus, und das konnte einen Christen wie Gregor von Nazianz, der eine klassische griechische Bildung genossen hatte, in arge Verlegenheit bringen.[5] Im Allgemeinen ist «Polytheismus» dem Begriff «Paganismus» bei Weitem vorzuziehen, weil «Polytheismus» im Sinne der Verehrung vieler Götter eine klar umrissene Bedeutung besitzt.

Es dauerte erstaunlich lange, bis die moderne Forschung zu der banalen Erkenntnis gelangte, dass viele heidnische Kulte, die unstreitig polytheistisch waren, eine Hierarchie von Göttern mit einem obersten Gott wie Jupiter oder Zeus kannten. Diese Erkenntnis inspirierte eine Vielzahl von Versuchen, einen «paganen Monotheismus» oder sogar einen «weichen Monotheismus» zu legitimieren.[6] Doch niemand, der mit griechischen Kulten vertraut ist, kann auf den Gedanken kommen, dass die vorchristlichen Griechen Monotheisten waren, selbst wenn in der Spätantike einige namenlose Götter gelegentlich als Teile (*merē*) einer einzigen Gottheit betrachtet wurden. Das bekannteste Beispiel ist die sogenannte *Tübinger Theosophie*, aus der sich auf einer Inschrift im anatolischen Oinoanda ein Orakel findet.[7] Doch dieses Denken entstammte den philosophischen Reflexionen des Spätplatonismus, und Vorstellungen dieser Art haben dieselben Wurzeln wie die christliche Theologie zur Zeit ihrer Ausbreitung im Römischen Reich. Sie sind womöglich sogar vom Platonismus beeinflusst, denn Paganismus und Christentum standen in einem sehr viel fruchtbareren Austausch, als man bisweilen denkt. Es ist kein Geheimnis, dass viele Kirchenväter, zum Beispiel Gregor von Nazianz, mit Platons Werken bestens vertraut und von ihnen beeinflusst waren. Die neuerdings in Mode gekommene Aufmerksamkeit für einen paganen Monotheismus, von dem es, wie die *Tübinger Theosophie* zeigt, zweifellos Spuren gibt, ist von nur geringem praktischem Nutzen. Der polytheistische Paganismus starb nicht aus, und es versteht sich von selbst, dass es ein solches Unding wie einen polytheistischen oder gar weichen Monotheismus nicht geben kann.

Die vorislamischen Götter, wie viele es auch immer waren, trugen unverwechselbare Namen, das wissen wir sowohl von Inschriften als auch aus dem Koran, ganz abgesehen von Ibn al-Kalbīs späterer Liste. Der klangvollste war Allah, der bekanntlich zum Namen des einzigen Gottes des islamischen Monotheismus wurde. Doch dieser Name und dieser Gott stehen in einer langen Ahnenreihe, die mindestens bis ins fünfte vorchristliche Jahrhundert zurückreicht, als Herodot eine weibliche Form des Namens, Alilat, erwähnte.[8] In späteren Jahrhunderten wurde Alilat zu Allāt verkürzt, und sie war wahrscheinlich eine Gemahlin Allahs. Im syrischen Palmyra wurde sie als eine Göttin des Pantheons verehrt, was Ibn al-Kalbī bekannt war. Eine in Palmyra entdeckte Marmorstatue zeigt sie als arabische Athene. Der griechische Polytheismus war für den arabischen Polytheismus ein fruchtbarer Nährboden, aus dem immer wieder Gottheiten mit ähnlicher Funktion und ähnlichem Erscheinungsbild hervorgingen. Das Gesicht mit den großen Augen auf einem Wandgemälde in Qaryat al-Fāw im heutigen Saudi-Arabien und die Statue eines Hermaphroditen am selben Ort veranschaulichen diese gegenseitige Befruchtung auf einprägsame Weise.[9]

Dafür gibt es viele weitere Beispiele. Ares war der griechische Name für die äthiopische heidnische Göttin Mahrem sowie für den biblischen ʿAr, der in Erscheinung trat, als aus dem nabatäischen Toponym Rabbathmoba Areopolis wurde. Der Vielzahl heidnischer Engel in der griechischen Welt jener Zeit, besonders in Kleinasien mit seinen zahlreichen lokalen Paganismen, entsprechen in Arabien Engel mit göttlicher Macht, die möglicherweise als Boten mit traditionellen Göttern verknüpft waren. So wie das griechische *angelos*, «Bote» oder «Gesandter», zu dem Wort für *Engel* wurde, gewann das arabische *malak* mit seiner archaischen Wurzel *la-ʾa-ka*, «schicken», «senden», die Bedeutung Engel. Darstellungen arabisch-heidnischer Engel wie der geflügelte sabäische Engel Schams vermitteln die Macht solcher Wesen über das menschliche Schicksal.[10]

Der arabischen Göttin al-ʿUzzā, die Mohammed kannte (wie Koranvers 53,19f. belegt), waren viele Kulte und Betyle (heilige Steine), vor allem in Petra, Ramm und Teima, gewidmet. Derselbe Koranvers nennt sie zusammen mit zwei anderen heidnischen Göttinnen, al-Manāt und Allāt. Zwar könnte man al-ʿUzzā mit der griechischen Aphrodite gleichsetzen, doch al-ʿUzzā unterschied sich von Allāt ebenso sehr wie Aphrodite von Athene. Der Name Allāt ist die weibliche Form von Allah, aber die Göttin war natürlich nicht identisch mit Athene, deren Ikonographie sie in Palmyra repräsentierte, und sie war auch keine weibliche Ausprägung Allahs, so wenig wie Zeus' Gemahlin Hera ein weiblicher Zeus war. Sie war auch keine Tochter Allahs, wie kürzlich vermutet wurde. Im Koran ist nirgendwo von Töchtern Allahs die Rede, obwohl in zeitgenössischen Inschriften Töchter durchaus auftauchen. Vielmehr waren sie in Palmyra und in Arabien eigenständige Göttinnen, und eine von ihnen hatte sogar einen eigenen Engel.[11]

In dem Koranvers, der die drei Göttinnen erwähnt, fragt Mohammed seine heidnischen Gegner spöttisch, ob sie sie gesehen hätten. Das deutet darauf hin, dass seine Gegner wussten, wie die Göttinnen aussahen, weil sie Bilder von ihnen gesehen hatten. Das war mehr, als er für seinen eigenen Gott in Anspruch nehmen konnte, von dem er, wie er selbst zugab, nur Zeichen empfangen hatte. Die Vielfalt der vorislamischen Götter zeigte sich in deren Darstellungen (als Reliefs und Skulpturen), und die epigraphischen Zeugnisse belegen, dass dieses Pantheon so durch und durch polytheistisch war wie die Darstellungen und Inschriften der griechischen Götter. Al-Manāt, die dritte der von Mohammed genannten Göttinnen, taucht in fünf Inschriften aus Madā'in Sālih auf, der antiken Stadt Hegra unweit von Medina; und Ibn al-Kalbī berichtet dementsprechend, dass ihr Kult zwischen Mekka und Medina weit verbreitet war.[12] Dass Mohammed die Göttinnen namentlich erwähnt, als er sich an seine heidnischen Gegner wendet, zeigt, dass er die traditionellen Kulte als Ausdruck des Polytheismus kannte. Sie konnten in einem monotheistischen Rahmen keinen Platz finden.

Das schließt nicht aus, dass es nach zwei Jahrhunderten jüdischer und christlicher Herrschaft auf der Arabischen Halbinsel neben Mohammeds Monotheismus nicht auch andere Formen des heidnischen arabischen Monotheismus gab. Tatsächlich tauchten mehrere Propheten auf, die in Konkurrenz zu Mohammed traten, indem sie einen einzigen Gott verkündeten. Und obwohl zeitgenössische Belege für diese Propheten fehlen, ist es sehr unwahrscheinlich, dass sie alle nach Mohammeds Tod von Autoren erfunden wurden; in späteren Kapiteln werden wir auf sie zurückkommen müssen. Der bekannteste und aggressivste dieser monotheistischen Propheten, die in die arabische Tradition Eingang fanden, ist Musailima. Sein Einfluss scheint weitgehend auf Yamāma in Zentralarabien beschränkt gewesen zu sein.[13] Er soll einen eigenen einzigen Gott, Rahmān, eigene Offenbarungen und einen eigenen Koran gehabt haben. Schließlich trat er wohl mit Mohammed in Kontakt und setzte dann seine Mission fort, bevor er in den Ridda- oder Apostasie-Kriegen unter dem ersten Kalifen Abū Bakr getötet wurde.

Es muss also daran erinnert werden, dass Mohammed nicht der einzige monotheistische Prophet war, der im späten sechsten Jahrhundert in Arabien auftauchte. Und der arabischen Tradition zufolge war auch Musailima nicht der einzige weitere. Scheinbar waren aus dem Ferment der jüdischen und christlichen Gemeinden sowie aus der zunehmenden Verbreitung der neuplatonischen Theologie in hellenisierten Teilen des Nahen Ostens (besonders im Norden, im syrischen Apamea) Formen des Monotheismus hervorgegangen, deren Gott nicht der Gott der Juden oder Christen war.[14] Das ist jedoch keineswegs dasselbe wie zu behaupten, alle Heiden seien Monotheisten geworden. Der traditionelle Paganismus hinterließ Spuren in der gesamten arabischen Welt der Spätantike, die zeigen, dass der Polytheismus, wenngleich in geringerem Umfang, sehr lebendig war, nachdem die Perser in Arabien die Kontrolle übernommen hatten. Mohammed hatte sich ganz gewiss mit Polytheisten auseinanderzusetzen.

Man geht schon lange davon aus, dass der Ausdruck *muschrikūn*, den Mohammed für diese Heiden benutzte, Polytheismus impliziert. Ein *muschrik* «teilte» (*scharika*) oder «verknüpfte» die Objekte seiner religiösen Verehrung. Und wer andere Formen des Polytheismus kennt, vor allem im griechischen oder römischen Kontext, wird darin schwerlich etwas anderes sehen können als die Anerkennung einer Vielzahl von Göttern. Diese Götter hatten natürlich unterschiedliche Funktionen, aber sie schlossen einander nicht aus. Der Koran unterscheidet klar zwischen den *muschrikūn* auf der einen und Juden und Christen auf der anderen Seite, die damals die prominentesten monotheistischen Religionen repräsentierten. Er differenziert bezeichnenderweise auch zwischen den *muschrikūn* und zwei klar spezifizierten Gruppen von Monotheisten, die weder Juden noch Christen waren und daher in irgendeiner Form Heiden gewesen sein mussten. Die Begriffe *sabī* und *hanīf* bezeichneten einen Araber, der weder Jude noch Christ noch *muschrik* war.

Die genaue Bedeutung von *sabī* im Koran ist unsicher, aber das Wort bezog sich ganz offenkundig auf einen Monotheisten, und es gibt gute Gründe, davon auszugehen, dass diese Form des paganen Monotheismus in der neuplatonischen Theologie wiederzufinden ist, die viele Jahrhunderte später überraschend in Harrān (in der heutigen Südosttürkei) auftauchte. Hier entdeckte der muslimische Historiker Masʿūdī im zehnten Jahrhundert eine blühende Gemeinde arabischer Platoniker, die auf dem Türsturz eines ihrer Versammlungsorte ein Zitat ihres Lehrers hatten.[15] Zwar muss ein im Koran erwähnter *sabī* nicht unbedingt dasselbe gewesen sein wie ein spätantiker Neuplatoniker, ausgeschlossen ist es jedoch nicht. Julian der Abtrünnige hatte lange zuvor bewiesen, dass der Neuplatonismus durch Iamblichus zu einer Quasi-Religion geworden war. Und die Philosophie der späteren Neuplatoniker ging durch die Lehre und das Denken von Proclus und anderen in dieselbe Richtung. Es könnte durchaus sein, dass die geistigen Ahnen der «Sabier» von Harrān heidnische Monotheisten waren, die im späten sechsten Jahrhundert in Arabien aktiv waren.

Wenn wir einen *hanīf* als einen Heiden betrachten, der kein Polytheist war, sind wir auf sichererem Boden. In einer bekannten Bemerkung über Abraham in der dritten Sure des Korans (Vers 67) heißt es explizit, was Abraham nicht war und was er war: «Abraham war weder Jude noch Christ; sondern er war ein wahrer Gläubiger, ein Gottergebener. Und er war keiner von den Beigesellern.» Er war also kein Jude, Christ oder Polytheist, sondern ein *hanīf*, der zur Wahrheit Gottes gefunden hatte. Das Wort *muslim* in diesem Text geht seiner Verwendung als Adjektiv für einen Anhänger des Islams zeitlich voraus, lässt jedoch auf ein frühes Bewusstsein der in Mohammeds Glauben enthaltenen Wahrheit schließen. Uri Rubin und andere haben festgestellt, dass *hanīf* sowohl für die Anhänger des Propheten Mohammed als auch für seine Gegner benutzt wurde, und das verwandte syrische *hanpā* bedeutet Abtrünniger, Apostat.[16] Die

Verwendung dieses Ausdrucks zusammen mit *muslim* in der dritten Koransure impliziert eine positive Bedeutung des Wortes, und Aziz al-Azmeh betont zu Recht, dass die aus drei Buchstaben bestehende Wurzel von *hanīf* so viel heißen soll wie «sich wenden» oder «sich entfernen».[17] Wer sich zum Guten und Wahren hinwendet, wird ein *hanīf* wie Abraham oder die Anhänger Mohammeds, wer sich aber dem Falschen zuwendet, wird zum Abtrünnigen und Feind. Abraham, dessen Vater angeblich ein polytheistischer Heide war, wurde nach biblischer Überlieferung durch die Vereinigung mit seiner Frau Sara und seiner Magd Hagar zum Stammvater der Juden und der Araber; damit «wandte er sich ab» von der Verehrung vieler Götter zur Verehrung des einen wahren Gottes.

Abraham wird auch die Errichtung der Kaaba in Mekka zugeschrieben, doch da der Bau in historischer Zeit bis hin zu Mohammed ein Heiligtum heidnischer Götter war, müssen wir annehmen, dass Abrahams ursprünglicher Zweck verfälscht wurde oder dass zumindest die Tradition davon ausging. Der Abraham des Korans war explizit kein *muschrik*, wenn aber Abraham ein heidnischer Monotheist war, heißt dies notgedrungen, dass *muschrik* einen heidnischen Polytheisten bezeichnete. Folglich muss das *muschrikūn* des Korans im Sinne von «Polytheisten» verstanden werden. Neben den arabischen Göttern, die in Dūmat al-Dschandal, Ramm, Teima, Madā'in Sālih und Mekka verehrt wurden, sprechen auch die Verweise auf heidnische Engel im Koran für einen Polytheismus am Ende des sechsten Jahrhunderts. Die heidnischen Gegner des Propheten fragten sich, warum ihnen nicht ein Engel (*malak*) oder mehrere Engel (*malā'ik*) den göttlichen Ursprung von Mohammeds Botschaft ankündigten, wenn Mohammed eine göttliche Offenbarung übermittelte.[18]

Das war kein leichtfertiger Einwand, denn der spätantike Paganismus in Arabien und in der hellenistischen Welt außerhalb Arabiens kannte viele Engel, von denen einige von einem Gott gesandt worden waren. Schließlich bedeutete das klassisch griechische Wort *angelos* ursprünglich «Bote» oder «Gesandter», und in der griechischen Mythologie wurden Götterboten und -botinnen wie Hermes oder Iris nie zu Engeln. *Angelos* wurde von den Septuaginta-Übersetzern zur Wiedergabe des biblischen *mal'ak* übernommen, und dieser Gebrauch führte dazu, dass die ursprüngliche Bedeutung von *angelos*, «Bote», immer mehr verschwand und im christlichen Griechisch durch *apostolos* ersetzt wurde, während es im Sinn von «Engel» ins Lateinische einfach als *angelus* übernommen wurde. Im klassischen und modernen Arabisch heißt «Engel» *malak* – ohne das Alif ('), obwohl es einmal da gewesen sein könnte, wenn man von dem seltenen, aber bezeugten arabischen Verb *la-'a-ka*, «senden», ausgeht. Einige dieser heidnischen Engel konnten sogar eigenständige Götter sein, so wie die Töchter Allahs Göttinnen sein konnten. In griechischen Inschriften aus dem Nahen Osten kann sogar Zeus ein Engel sein.[19]

Wichtig ist daher, dass Mohammed selbst sich als einen Boten oder Gesandten (*rasūl*) sah, der Gottes Wort überbringt, sich aber nie als einen Engel (*malak*) bezeichnete. Er betonte sogar explizit, keiner zu sein.[20] Das ist vermutlich der Grund, warum seine Gegner ihm vorhielten, es sei kein Engel zu ihnen geschickt worden, um den göttlichen Ursprung seiner Botschaft zu bestätigen. Der «edle Gesandte» aus Sure 81,19f., der beim Herrn des Thrones großen Einfluss besitzt, ist vermutlich genau das: ein Gesandter, kein Engel. Mohammed selbst war ein edler Gesandter. Bis zum Beweis des Gegenteils müssen wir davon ausgehen, dass im Koran der Unterschied zwischen dem arabischen *rasūl* und *malak* nie verwischt wurde. Die Unterscheidung zwischen diesen beiden Begriffen und Vorstellungen vermittelt vielmehr einen Einblick in die unterschiedliche Mentalität der Anhänger Mohammeds und der arabischen Polytheisten.

3

Das spätantike Mekka

Nach muslimischer Überlieferung kam Mohammeds Stamm, die Quraisch aus dem Stammesverband der Banu Kināna, nur etwa hundert Jahre vor der Geburt des Propheten nach Mekka. Wie die Quraisch dorthin gelangten oder warum sie sich ausgerechnet dort ansiedelten, ist unbekannt.[1] Der Ort liegt in einem Tal mit einem in der heißen Jahreszeit unwirtlichen Klima, ist aber mit seiner eindrucksvollen Bergkette, die von der jordanischen Grenze im Norden entlang der westlichen Seite des Hedschas nach Süden verläuft, auf natürliche Weise geschützt. Diese *dschibāl al-sirawāt* (oder *al-sirat*) ziehen sich die Ostküste des Golfs von Aqaba und des Roten Meeres entlang, wo es nur wenige Schiffsanlegestellen gab. Zu diesen zählten Yanbuʿ und weiter südlich Dschidda, wo die Bergkette jeweils durchbrochen ist, so dass Mekka über eine natürliche Öffnung in dem Gebirgszug verfügt. Der Höhenzug setzt sich in noch größerer Höhe nach Süden fort: durch die Region ʿAsīr an der Küste des Roten Meeres entlang bis in den westlichen Jemen.

Aufgrund dieser geographischen Lage war Mekka für Handel, Verkehr und Militärexpeditionen aus dem Süden nur vom Innern der westlichen Arabischen Halbinsel aus erreichbar. Von

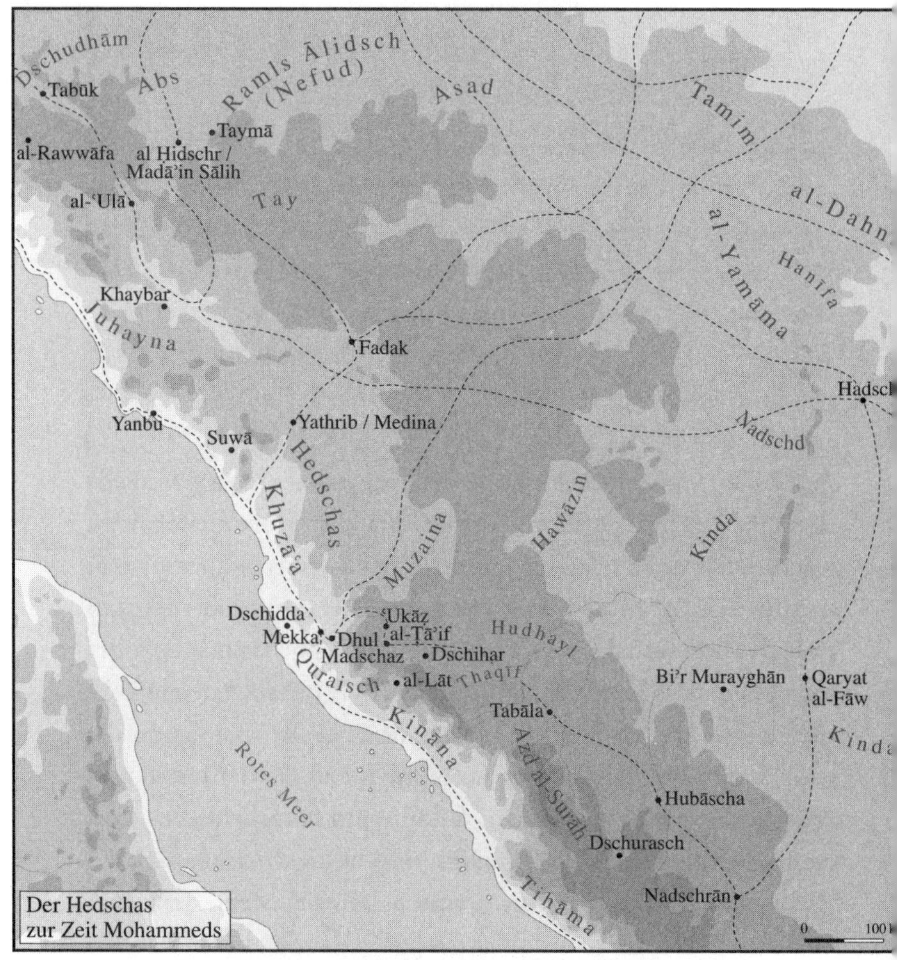

Der Hedschas zur Zeit Mohammeds

Mekka führte der Weg in Richtung Norden direkt nach Medina und von dort weiter nach al-ʿUlā, Hidschr (Hegra, Madā'in Sālih) und Tabūk. Man geht davon aus, dass die Karawanen mit Gewürzen und Essenzen von Aden aus nach Norden in die Stadt Nadschrān und dann westwärts hinüber nach Bīscha zogen, um die unwirtlichen Lavafelder nördlich von Nadschrān zu umgehen. Mekka war auf diesem Weg nach Norden ein natürliches Ziel, und für Pilger und Händler bildeten ʿUkāz und Tā'if mit ihren regelmäßig stattfindenden Märkten geeignete Stationen auf dem Weg in die Stadt.[2]

Aufgrund seiner natürlichen Lage brauchte Mekka keine Stadtmauern, blieb aber vom Innern Arabiens aus zugänglich. Wie Petra im heutigen Jordanien lag die Stadt eingebettet zwischen hohen Bergen und war abgeschirmt von benachbarten Völkern und Verkehrsnetzen, befand sich aber an der großen Handelsroute, die den Norden und den Süden verband. Mekka ähnelte Petra auch in seiner Bedeutung als heilige Stadt, denn es hütete den schwarzen würfelförmigen Schrein (*haram*) mindestens einer wichtigen lokalen Gottheit des heidnischen Pantheons. Niemand kann sagen, wann der Kaaba genannte bizarre Basaltwürfel in Mekka errichtet wurde, doch traditionell wird er auf Abraham zurückgeführt. Unklar ist auch, ob Hubal der Gott war, der hier zuerst verehrt wurde. Aus dem Koran ergibt sich jedoch klar und deutlich, dass Allah zur Zeit Mohammeds bereits ein wichtiger Gott war, vielleicht sogar der Hauptgott der Stadt. Ob er allerdings gemeinsam mit Hubal verehrt wurde, den die Araber mit der Kaaba in Verbindung brachten, ist bis heute ein Rätsel.[3]

Auch Mekkas Gastfreundschaft gegenüber heidnischen Gottheiten ist mit Petra vergleichbar, wo ein Schrein, der in jüngerer Zeit unter dem Khazneh ausgegraben wurde, die Erinnerung an den antiken Kult einer lokalen Gottheit bewahrt, wahrscheinlich Duschāra, der Gott des Scharā-Gebirges. Aber wir wissen, dass er keineswegs der einzige Gott war. Eine Stele, die ein Gesicht mit eindringlichen Augen, Nase und Mund zeigt und eine Inschrift trägt, belegt, dass die Bewohner von Petra auch die Göttin al-ʿUzza verehrten, die vor allem mit dem arabischen Nakhla verbunden war.[4] Eine andere Weiheinschrift in Petra war Atargatis gewidmet.[5]

Die Besiedlung Mekkas durch die Quraisch – wann immer sie, nur wenige Generationen vor dem Propheten, stattgefunden haben mag – bezeugt die uralte Heiligkeit des Ortes und den natürlichen Schutz, den er bot. Neben den lokalen Göttern, vor allem Hubal und Allah, wurden Manāf, Isāf und Nāʾila verehrt, die den im Koran erwähnten berühmten Göttinnen Manāt, al-ʿUzza und Allāt Gesellschaft leisteten.[6] Heute besteht weitgehend Einigkeit darüber, dass Mekka nicht an einer bereits existierenden Karawanenroute gegründet wurde – so wenig wie Petra. Der Ort wurde aber offenkundig aufgrund seiner Heiligkeit und seiner geschützten Lage unweit der Karawanenroute besiedelt. Mekka wird im Koran zweimal die «Mutter der Städte» (*umm al-qurā*) genannt.[7] Die Ströme der Händler und Waren südlich und östlich von Mekka kamen sowohl von dem großen Markt in ʿUkāz als auch von den nicht weit entfernten Tempeln in al-Ṭāʾif und Tabāla. Für die Zukunft entscheidender war aber die Existenz einer wenige hundert Kilometer weiter nördlich gelegenen großen Oasenstadt, die im sechsten Jahrhundert den Namen Yathrib trug. Sie sollte zum Medina der Muslime werden, der Stadt, in die Mohammed mit seinen Gläubigen von Mekka auswanderte.

Die vor mehr als hundert Jahren von dem belgischen Forscher Henri Lammens vertretene Auffassung, Mekka sei eine Handelsstadt gewesen, ist in den letzten Jahrzehnten zu Recht in die Kritik geraten, da die Bedeutung der kommerziellen Aktivitäten der Stadt stark überbewertet wurde.[8] Aber auch die pauschale Ablehnung dieses Bildes, die Patricia Crone in den 1970er Jahren vertreten hat, ist zunehmend unhaltbar geworden und wurde bereits damals von Robert Serjeant zurückgewiesen.[9] Crone ließ lediglich den mekkanischen Handel mit Tierhäuten und Leder gelten, erkannte aber schließlich selbst, dass dieser Handel mit alltäglichen, aber wichtigen Materialien, den sie zunächst als lächerlich bescheiden abgetan hatte, in Wirklichkeit sehr viel umfangreicher gewesen war.[10]

Es stimmt, dass viele Gewürze und Essenzen aus Südarabien in dieser Zeit häufig mit dem Schiff in die griechisch-römische Welt gelangten: durch das Rote Meer hinauf in den Golf von Aqaba und nach einer kurzen Strecke über Land ans Mittelmeer oder aber mit Karawanen weiter in den Norden. Doch das schließt nicht aus, dass Gewürze und Essenzen auf den großen Märkten Arabiens verkauft und von der Bevölkerung konsumiert wurden, die entlang der Handelsroute durch den Hedschas lebte. Hinzu kommt, dass das vorislamische Mekka mit Äthiopien Handel trieb, vermutlich auf äthiopischen Schiffen. Zwar gibt es keine Möglichkeit, den Umfang des Handels mit Axum nachzuprüfen und zu bemessen, doch die Präsenz von Mekkanern in Axum zu Lebzeiten Mohammeds belegt, dass die beiden Städte miteinander in Kontakt standen.[11] Der Ruf, den Mekka unter den Quraisch als Handelsstadt genoss, war gewiss keine Fata Morgana; und auch wenn wir nicht zu Montgomery Watts Auffassung von Mekka als einem Zentrum des Fernhandels zurückgekehrt sind, gegen die sich Crone wandte, neigen wir heute doch dazu, der Stadt eine große Bedeutung als Handelszentrum beizumessen.[12]

Crone bestritt sogar, dass Mekka vor dem siebten Jahrhundert überhaupt bekannt war, doch dafür musste sie außer Acht lassen, dass der Ort schon in dem Kanon bedeutender Städte des Geographen Ptolemäus aus dem zweiten Jahrhundert auftaucht.[13] Im Zusammenhang mit anderen Orten nennt Ptolemäus einen Ort namens Makoraba, dessen Lage auf Mekka hindeutet, auch wenn die Längengrade bei Ptolemäus bekanntermaßen unzuverlässig sind. Doch die Koordinaten entsprechen annähernd der heutigen Lage der Stadt. Makoraba befindet sich südlich eines anderen Orts, den Ptolemäus Lathrippa nennt, womit zweifellos die Oase Yathrib gemeint ist. Auch wenn es nicht unmittelbar einleuchtet, dass das griechische Makoraba eine veränderte Form des Namens Mekka sein soll (oder Makka, wie es auf Arabisch heißt), macht Ptolemäus' Lokalisierung von Makoraba es doch sehr wahrscheinlich, dass die erste Silbe aus dem Namen Makka gebildet ist. Falls es sich so verhält, gibt die zweite Hälfte das aramäische *rabb* («groß») wieder, das eine Vorrangstellung ausdrückt. Wie andere aramäische Lehnwörter in Arabien könnte auch dieses auf dem Weg über die Juden, die unter anderem auch in Yathrib lebten, leicht in die lokale Sprache Eingang gefunden haben.

Aufschlussreich ist ein Vergleich mit dem antiken Rabbat-Moab in Transjordanien, der Stadt, die die Römer unter dem Namen Areopolis kannten. Noch bedeutsamer jedoch ist, dass dem arabischen Makka (Mekka) üblicherweise der Beiname *mukarram* («die Ehrwürdige») hinzugefügt wird. In Ptolemäus' Makoraba scheinen sich also nicht nur die alte Bezeichnung und die Koordinaten Mekkas erhalten zu haben, sondern auch ein ehrender Beiname, der sich vermutlich auf die Kaaba bezog. Dieser würfelförmige Schrein hatte Mekka zu einem heiligen Ort und zum Ziel heidnischer Pilger gemacht. Daher haben wir vermutlich mit Ptolemäus einen Beleg für die Stadt, der noch rund vierhundert Jahre älter ist als die mutmaßliche Übersiedlung der Quraisch nach Mekka. Wir wissen nicht, wer zur Zeit von Ptolemäus dort gelebt hat, aber wie die meisten lokalen Heiligtümer in der Antike scheint die Stadt seit frühesten Zeiten als heiliger Ort bekannt gewesen zu sein.

Einige Historiker haben eine andere Interpretation von Makoraba vorgeschlagen und auf das sabäische und äthiopische *mkrb/makwrab* zurückgegriffen, was so viel wie Tempel oder Versammlungsort bedeutet (oder auch Synagoge); diese Lesart von Ptolemäus' Makoraba ist jedoch weniger schlüssig, als wenn man es als *Mekka* (Makka) mit Hinzufügung eines ehrenden Adjektivs versteht, das dem im Arabischen geläufigen Adjektiv entspricht.[14] Die Kaaba war kein Tempel oder Versammlungsort, sondern eine Pilgerstätte. Als der Historiker Ammianus Marcellinus im späten vierten Jahrhundert die Städte Westarabiens katalogisierte, nannte er sieben Orte, darunter kurioserweise Dioskorides, so lautet der altgriechische Name für die Insel Sokotra vor der Südküste der Arabischen Halbinsel. Doch unter den anderen Städten, die Ammianus kannte, waren Naskos und Nagara (Nadschrān), die beide auch bei Ptolemäus auftauchen.[15] Die meisten bedeutenden *civitates*, die Marcellinus aufführt, können identifiziert werden, etwa Maephe, das bei Ptolemäus Mepha heißt, und Taphra, das bei Ptolemäus als Sapphara erscheint.

Ein rätselhafter Fall unter Ammianus' arabischen *civitates* ist jedoch Geapolis oder, in einer anderen Lesart, Hierapolis. Wenn diese Lesart in irgendeiner Weise maßgeblich ist, besitzt diese Stadt große Ähnlichkeit mit der «heiligen Stadt» (*hiera polis*) Mekka.[16] Es wäre daher vernünftig, die Informationssplitter bei Ammianus und Ptolemäus als eine Bestätigung für das zu betrachten, was wir ohnehin schlussfolgern: dass ein heidnischer Schrein oder *haram* mit einem großen schwarzen Würfel als sakralem Zentrum gleichbedeutend mit einer heiligen Stadt war, die als solche auch bekannt gewesen sein muss. Nach allem, was uns von Abrahas Bau der prachtvollen Kirche al-Qalīs, ganz zu schweigen von seinem Feldzug nach Norden mit dem berühmten

Elefanten, überliefert ist, wusste dieser König genau, was für ein hohes Ansehen Mekka besaß, und sein gescheiterter Feldzug gegen den Schrein kann nicht nur als Beleg für seinen kämpferischen Eifer, sondern auch für das Prestige betrachtet werden, das Mekka zu jener Zeit genoss. Die Tempel in Dūmat al-Dschandal und al-Ta'īf standen in keinem vergleichbaren Ansehen. Nicht einmal die aufstrebende Disziplin einer «koranischen Archäologie», die Mikhail Piotrovsky als Antwort der Islamwissenschaftler auf die biblische Archäologie bejubelt hat, konnte bisher einen großen Tempel ans Licht bringen.[17]

Glücklicherweise enthält der Koran selbst einen Hinweis auf die Handelsaktivitäten im spätantiken Mekka: in Sure 106 mit dem Titel «Quraisch». Im kanonischen Text folgt diese Sure unmittelbar auf die Sure «Der Elefant – *al-fīl*», die oft als Anspielung auf Abrahas gescheiterten Mekka-Feldzug betrachtet wird. Explizit erwähnt werden Reisen der Quraisch im Winter und Sommer, die sie mit der Garantie eines sicheren Durchzugs (īlāf) unternehmen konnten. Sie stehen im Einklang mit historischen Berichten über jährliche Reisen in den Jemen und nach Syrien.[18] Transportiert wurden in diese Regionen wohl Tierhäute, Leder und Textilien, vielleicht aber auch, wie Mikhail Bukharin kürzlich dargelegt hat, Wein aus der Region Tā'īf, der womöglich für den Weitertransport nach Indien bestimmt war.[19] Bei der Rückkehr von diesen saisonalen Reisen könnten die Kaufleute aus Südarabien Gewürze, Essenzen, Aloe und Balsam sowie aus Syrien das dringend benötigte Getreide nach Mekka mitgebracht haben.

Wie Abraha erkannt hatte, waren der Ruhm und der Wohlstand Mekkas hauptsächlich von den Pilgern abhängig, die den Schrein und den heiligen Bezirk (*haram*) der Stadt besuchten. Die Kontrolle dieser Pilgerzüge durch die Quraisch beruhte auf der erfolgreichen, aber fragilen Einheit verschiedener Stammesgemeinschaften der Region wie der Kināna und der Ghatafān. Als um das Jahr 570 der spätere Prophet Mohammed zur Welt kam, erbten er und die Quraisch, denen er angehörte, eine von stiller Beschaulichkeit geprägte Stammesgemeinschaft, und das eröffnete, zumindest eine Zeitlang, ausreichend Spielraum für die Offenbarungen, die er vierzig Jahre später vom Engel Gabriel (Dschibrīl) empfing, wie er behauptete. Aber man darf nicht vergessen, dass der Mantel eines Propheten, den er sich umhängte, in einer heiligen Stadt wie Mekka keineswegs etwas Außergewöhnliches war, schon gar nicht in einem Teil Zentralarabiens, der ein Prophetentum begünstigte, das inspirierend und spalterisch zugleich sein konnte. Die Arabische Halbinsel, wo die Araber inmitten von Juden und Christen in einem Territorium lebten, das zuerst von jüdischen Königen in Himyar und danach von christlich-äthiopischen Königen regiert worden war, bot einen reichen Nährboden für Seher und Propheten. Die jüdische Bevölkerung Yathribs lebte hier schon seit Jahrhunderten und genoss Prominenz und Prestige. Bis zur Ankunft der persischen Oberherren in der Zeit nach Abraha und seinen Söhnen waren die Christen den heidnischen Arabern wohlvertraut, und an die Stelle dessen, was diese Araber von den Juden oder Christen übernahmen, konnten ebenso gut Anleihen aus dem Zoroastrismus der Perser treten, die im Umgang mit den Christen ihrerseits außerordentlich geschickt agierten.[20]

Es kann kaum einen Zweifel geben, dass zu dem Zeitpunkt, als Mohammed erwachsen war, die Kulte in Zentral- und Südwestarabien unter persischer Oberherrschaft in ein dicht gewobenes Geflecht eingebettet waren, das mindestens bis ins späte vierte Jahrhundert zurückreichte. Dieses Amalgam aus jüdischen, christlichen und polytheistischen Einflüssen bildete einen fruchtbaren Boden für einen charismatischen Propheten wie Mohammed, aber auch für andere, vergleichbar charismatische Gestalten im arabischen Hinterland unweit von Mekka. Die Blütezeit von Prophetentum und Prophezeiungen im persischen Arabien, als Mohammed von Gabriel seine ersten Offenbarungen empfing, ist der arabischen Tradition bekannt. Es existiert zwar keine zeitgenössische Dokumentation dieser rivalisierenden Charismatiker, doch die Fülle und Vielfalt späterer Zeugnisse in der arabischen Tradition lassen den Schluss zu, dass noch zur Zeit von Mohammeds Aufenthalt in Mekka die Araber empfänglich waren für Visionäre, die dem späteren Propheten sehr ähnlich waren. Kurzum, er war zu seiner Zeit nicht der Einzige und musste seinen Anspruch, der einzige Gesandte zu sein, der den Arabern das Wort Allahs überbrachte, erst durchsetzen. Ob er der Erste seiner Generation war, oder, was wahrscheinlicher ist, einer von vielen aus derselben Generation, werden wir nie erfahren. Tatsache aber ist, dass er keineswegs der einzige Verkünder von Offenbarungen war, die eine Kenntnis des jüdischen und christlichen Monotheismus bezeugen und in einem heidnischen Umfeld entstanden.[21] Es waren jedoch seine Offenbarungen, die sich schließlich durchsetzten.

Der bekannteste dieser rivalisierenden Propheten war arabischer Tradition zufolge Musailima aus dem Stammesverband der Banu Hanīfa im zentralarabischen al-Yamāma östlich von Mekka.[22] Er war mehr als nur ein Wahrsager (*kāhin*) und hatte bereits Offenbarungen von Gabriel empfangen, bevor Mohammed im Jahr 622 von Mekka nach Medina ging. Daher konnte er als ein Prophet (*nabī*) auftreten, dessen Verse in gereimter Prosa (*sadschʿ*), von denen dreiunddreißig bis heute erhalten sind, einen eigenständigen Koran bildeten. Sie unterscheiden sich zwar von den Versen des kanonischen Korans, weisen aber deutliche Ähnlichkeiten auf. Um dieselbe Zeit wie Musailima, vielleicht etwas später, trat in Arabien, im Jemen zwischen Ṭā'if und Aden, noch ein Prophet auf: Aswad al-ʿansī, der gleichfalls Offenbarungen empfing und seinen eigenen Koran aufstellte. Musailima und Aswad blieben in Erinnerung, weil Abū Bakr, der erste Kalif nach Mohammeds Tod, sie als eine Bedrohung für den Führungsanspruch der islamischen Gläubigen betrachtete und zusammen mit ihren Anhängern vernichten wollte. Sicher waren sie in ihrer Prophetenrolle bereits etabliert, bevor die *ridda* (Apostasie, Abtrünnigkeit) begann, die Reaktion gegen den Islam nach Mohammeds Tod in den manchmal unzutreffend «Apostasie-Kriege» genannten Auseinandersetzungen. Es ist wichtig, daran zu erinnern, dass diese Gegner des Islams zumeist rivalisierende Propheten und keine Abtrünnigen waren und dass ihre Prophezeiungen der Verunglimpfung als *ridda* vorausgingen.

Musailima stellte gewiss die größte Herausforderung für Mohammed dar, dessen Anhänger Gesandtschaften nach al-Yamāma schickten, um den Islam zu propagieren. Der Name Musailima (ein Diminutiv von Maslama) scheint aus derselben Verbwurzel wie Muslim und Islam gebildet zu sein, was eine direkte Konfrontation mit dem Propheten in Mekka und später in Medina bedeutete. Die beiden Männer sollen sich sogar in Medina getroffen haben. Musailima scheint die Prophetenrolle Mohammeds zwar nie bestritten zu haben, war aber offenbar der Ansicht, sie sollten ihre Botschaft gemeinsam verkünden und sich ihre Aufgaben zwischen Medina und al-Yamāma teilen. Die Araber bewahrten den Text eines berühmten Briefes auf, in dem Musailima Mohammed eine solche Aufteilung vorschlug. Freilich kann die Authentizität des Briefes nicht bestätigt werden, so wenig wie die Authentizität aller anderen Schriftstücke aus dieser Frühzeit. Es wäre jedoch plausibel, von irgendeiner Form von diplomatischen Kontakten oder Verhandlungen zwischen den beiden Propheten auszugehen, die nach Mohammeds Hidschra im Jahr 622 und vor seinem Tod im Jahr 632 geführt wurden.

In diesem Brief, von dem es mehrere, leicht voneinander abweichende Fassungen gibt, präsentiert sich Musailima als ein Mohammed ebenbürtiger Gesandter: «Von Musailima, dem Gesandten Gottes, an Mohammed, den Gesandten Gottes. Friede sei fürderhin mit dir. Mir ist gemeinsam mit dir Befehlsgewalt verliehen worden. Uns gehört die eine Hälfte des Landes, den Quraisch die andere, aber die Quraisch sind diejenigen, die sich nicht daran halten.»[23] Gott wird hier Allah genannt, wie generell im kanonischen Koran, aber offenbar hat Musailima mindestens einmal *al-Rahmān*, «der Barmherzige», als Gottesnamen verwendet – ein sabäisches Wort, das in der Zeit der jüdisch-arabischen Könige von Himyar in den arabischen Wortschatz Eingang gefunden hat. In Mohammeds Koran (17,110) ist al-Rahmān eindeutig ein anderer Name für Allah, und Musailimas Verwendung des Namens Allah in dieser Fassung des Briefes scheint auf eine Zeit hinzudeuten, als der Name Gottes bereits festgelegt war. Es gab sogar eine arabische Tradition, der zufolge Musailima irgendwann im Zuge seiner Prophetenlaufbahn selbst Rahmān genannt wurde, auch wenn sich in dem Dokument, in dem er Mohammed eine Aufteilung der Befehlsgewalt vorschlägt, keine Spuren davon finden.

Die Reaktion des Propheten auf Musailimas Vorschlag einer gemeinsamen prophetischen Mission ist eine vernichtende Ablehnung. Bezeichnenderweise beginnt sein Antwortschreiben mit der kanonischen islamischen *bismillah:* «Im Namen Gottes, des barmherzigen (*rahmān*) Erbarmers». Mohammed, «der Gesandte (*rasūl*) Gottes», so heißt es weiter, antworte Musailima, der kein zweiter Gesandter sei, sondern «der Erzlügner» (*al-kadhdhāb*). Bezug nehmend auf den Friedensgruß in Musailimas Brief schreibt er: «Friede sei von nun an mit denen, die der rechten Leitung folgen. Das Land gehört Gott. Er vererbt es, wem Er will unter seinen Geschöpfen, und das Ergebnis gehört den Gottesfürchtigen.» Dies ist eine pointierte Antwort auf Musailimas Brief, wird doch die Bezeichnung «Gesandter» nur für den Propheten selbst gelten gelassen. Die Friedensklausel wird umformuliert und der Vorschlag zur Aufteilung des Landes abgelehnt. All dies wird eingeleitet von der unverwechselbar islamischen *bismillah*. Der ganze Brief klingt sehr nach Mohammed in Medina und entstand wohl nicht lange vor seinem Tod. Doch der Briefwechsel, soweit er authentische Vorstellungen und Wendungen enthält, verrät viel über die spirituelle Welt Arabiens und deren rivalisierende Propheten im frühen siebten Jahrhundert. Bei diesem lautstarken Wettstreit, wer eine Prophezeiung und die religiöse Führung in der Region für sich beanspruchen durfte, ging schließlich der Islam als Sieger hervor.

4

Äthiopien und Arabien

Äthiopische Militärinterventionen auf der Arabischen Halbinsel zwischen dem zweiten und dem sechsten Jahrhundert bekunden die Ambitionen des *negus* von Axum, das Territorium jenseits des Roten Meeres, in unmittelbarer Nähe zu seinem Reich, unter seine Herrschaft zu bringen. Die lange Inschrift auf einem heute verloren gegangenen Marmorthron in der axumitischen Hafenstadt Adulis (dem heutigen Zula) kündet stolz von Eroberungen und veranschaulicht die Expansionsbestrebungen eines namentlich nicht genannten Herrschers, wahrscheinlich Sembrouthes oder vielleicht Gadarat, im frühen dritten Jahrhundert. Diese Eroberungen bildeten den Ausgangspunkt für spätere Militärexpeditionen zur Rückgewinnung von Gebieten in Arabien, die Äthiopien einst beherrscht hatte.[1] Die Aufstellung des Throns in Adulis zusammen mit einer Stele, die eine ältere Inschrift aus hellenistischer Zeit trug, deutet darauf hin, dass axumitische Feldzüge über das Rote Meer in ptolemäischer Zeit die Feldzüge nach Arabien unter römischer Herrschaft inspiriert hatten. Äthiopische Inschriften zeigen, dass der *negus* von Axum auch dann noch arabische Territorien in seiner Herrschertitulatur führte, als Äthiopien diese längst nicht mehr innehatte. Die Symbiose Arabiens und Äthiopiens spiegelt sich in der Schrift für die altäthiopische Sprache Geʿez, die in Axum gesprochen wurde und auf die sabäische Schrift Südarabiens zurückgeht; axumitische Inschriften übermittelten ihre Botschaften in beiden Sprachen und beiden Schriften. Von den Äthiopiern wurde auch weiterhin Griechisch verwendet, was ihre Stellung in der größeren byzantinischen Welt festigte. Der anonyme Verfasser der *Küstenbefahrung des Roten Meeres* hatte bereits im ersten Jahrhundert angemerkt, wie gut sie Griechisch beherrschten.[2]

Durch einen erstaunlichen Zufall konvertierten im späten vierten Jahrhundert die Araber von Himyar etwa zur gleichen Zeit zum Judentum, als die Monarchie in Axum das Christentum übernahm. Der erste christliche *negus*, Aezanas (oder Ezana), hinterließ in Axum pompöse Inschriften, die eine dauerhafte und sichtbare Bekräftigung nicht nur seiner Religion, sondern auch seines Anspruchs auf bestimmte Territorien ausdrückten. Seine Nachfolger konnten nicht nur aus seiner Frömmigkeit Inspiration schöpfen, sondern auch aus seiner schamlosen Aneignung von Herrschaftstiteln in Südwestarabien, einem Landstrich, den die Äthiopier ein Jahrhundert zuvor – nun jedoch nicht mehr – regiert hatten. Nicht nur die arabischen Konvertiten zum Judentum zeigten sich also den christlichen Gemeinden in ihrer Mitte gegenüber vermehrt intolerant, auch die äthiopischen Christen waren zunehmend erpicht darauf, ihre neue Religion auf der Arabischen Halbinsel zu propagieren und ihre verlorene Herrschaft wiederherzustellen.

Im Verlauf des späten fünften und frühen sechsten Jahrhunderts kam es zur Verfolgung christlicher Gemeinden durch Juden in Arabien. Das grausamste dieser Gemetzel, das sich 523 in Nadschrān ereignete, lieferte den äthiopischen Christen einen

Abb. 3 Inschriftenstele des ersten christlichen *negus* von Äthiopien, Aezanas, in Axum, viertes Jahrhundert. Der griechische Text ist in äthiopischer und altsüdarabischer Schrift geschrieben.

guten Grund, ihren Anspruch zu erneuern, die verlorenen Gebiete in Arabien zu befreien und zurückzugewinnen. Im Jahr 525 taten sie sich mit den christlichen Kaisern in Byzanz zusammen, um der jüdischen Herrschaft in Arabien ein Ende zu setzen, ungeachtet der dogmatischen Differenzen zwischen dem chalcedonischen Byzanz und dem nichtchalcedonischen Axum. Bald darauf wurde aus Südwest- und Zentralarabien ein Königreich unter der Herrschaft des christlich-äthiopischen Generals Abraha, dessen Expansions- und Konsolidierungsbestrebungen auf der Arabischen Halbinsel, wie wir gesehen haben, so weit gingen, dass er sogar einen (gescheiterten) Vorstoß nach Mekka unternahm. Die heilige Stadt hatte bereits im Widerstand gegen Abrahas christliche Kirche in Sanaa eine offensive Rolle gespielt und damit ihre vorrangige Bedeutung als Pilgerstätte für die arabischen Heiden unterstrichen.[3]

Als Mohammed um 570 geboren wurde, beherrschten die sassanidischen Perser das arabische Territorium, das König Abraha als ein christliches Reich regiert hatte, seit mindestens zehn Jahren. In dieser Phase des Übergangs, die bis heute die dunkelste und am schlechtesten dokumentierte Epoche in der Geschichte des spätantiken Arabien ist, wurden die christlichen Bevölkerungsgruppen an den Rand gedrängt, während das Wohlwollen der Perser für die Juden wuchs. Dieses Wohlwollen war ein Erbe der persischen Unterstützung des alten jüdischen Königreichs Himyar am Anfang des sechsten Jahrhunderts, und seine Wurzeln lagen natürlich in dem Konflikt mit dem christlichen Byzanz. Jüdische Gemeinden, besonders in Yathrib, hatten also Grund, die neue Herrschaft auf der Arabischen Halbinsel als etwas Positives zu betrachten. Wie wir gesehen haben, konnten die arabischen Heiden die persische Oberherrschaft gelassen hinnehmen, da die Perser den Zoroastrismus nie aktiv propagierten und wahrscheinlich die Vielgestaltigkeit des arabischen Polytheismus hilfreich fanden, verhinderte sie doch jede Form eines gemeinsamen Widerstands. Die damaligen Stämme, Clans und Götter Arabiens kamen fremden Mächten durchaus zustatten. Für Mohammed jedoch stellte diese Vielgestaltigkeit und Uneinigkeit eine Bedrohung dar, als er von Gabriel seine ersten Offenbarungen empfing, und sie schwand letztlich erst, als die islamische Bewegung erstarkte.

Das äthiopische Königreich jenseits des Roten Meeres besaß in den ersten Lebensjahren Mohammeds das Potenzial, die bestenfalls brüchige Stabilität Arabiens im späten sechsten Jahrhundert zu gefährden oder sogar zu zerstören. Doch nach dem Ende des christlichen Königreichs in Arabien konnte niemand vorhersagen, welchen Einfluss der christliche *negus* von Axum auf die instabile politische und religiöse Situation Arabiens unter persischer Oberherrschaft haben würde. Äthiopien hatte in der Vergangenheit oft genug auf der Arabischen Halbinsel interveniert, um an seiner Bedeutung in der größeren byzantinischen Welt keinen Zweifel zu lassen. Zur Zeit Mohammeds war es ein schlafender Riese, der darauf wartete, wieder zum Leben erweckt zu werden.

Die Offenbarungen Gabriels empfing Mohammed in Mekka. Als Mitglied des Hāschim-Clans gehörte er dem Stamm der Quraisch an, der die Stadt besiedelt hatte, und Abū Tālib, sein Onkel väterlicherseits, der ihn aufgezogen hatte, verschaffte ihm lokale Unterstützung. Er heiratete die ältere und reiche Chadīdscha, die im Handel tätig war und ihm sein Ansehen in der Stadt sicherte. Doch die Offenbarungen, die um 610 ihren Anfang nahmen, brachten Mohammed bei den Quraisch und besonders den Hāschim zunehmend in Bedrängnis. Gewiss, er konnte auf die Unterstützung seiner Frau zählen, doch nach ihrem Tod und dem Tod seines Onkels Abū Tālib sah er sich der Eifersucht seiner Stammesgenossen ausgesetzt, von denen er sich bedroht fühlte. Diese Veränderung von Mohammeds Position wird zwar bisweilen als Anlass für Zwistigkeiten unter den ersten Gläubigen betrachtet, aber für diese Annahme gibt es keinen Grund.

Ärger jedoch drohte vonseiten der Nichtgläubigen. Diejenigen von Mohammeds Anhängern, die ihn jetzt als den Gesandten Gottes anerkannten, weckten zunehmend das Misstrauen seiner Landsleute, weil er in einer Stadt, die für ihren polytheistischen *haram* bekannt war, einen so entschiedenen Monotheismus vertrat. Die Auseinandersetzungen mit seinen Gegnern in Mekka hinterließen Spuren im Koran, und auch die Namen einiger der Gottheiten, die Mohammed verwarf, tauchen darin auf. Einer muslimischen Tradition zufolge versuchte Mohammed sogar, seine Gegner dadurch zu besänftigen, dass er die Möglichkeit anerkannte, die drei heidnischen Göttinnen Allāt, al-ʿUzzā und al-Manāt um göttliche Fürsprache anzurufen. Es war diese Tradition, aus der die heute berühmt-berüchtigte Geschichte von den sogenannten Satanischen Versen erwuchs, die der Prophet auf Drängen des Satans selbst in seinen Koran aufgenommen haben soll. Diese Verse, die vermutlich ein kurzfristiges Zugeständnis Mohammeds an seine Gegner waren, tauchen zwar nicht im kanonischen Korantext auf, Spuren davon haben sich jedoch, wie man glaubte, in der expliziten Nennung der drei Göttinnen im heutigen Text der Sure *Der Stern (al-Nadschm)* erhalten.[4]

Die Konflikte, die Mohammed und seine Anhänger mit ihren Widersachern in Mekka austrugen, führten dazu, dass Äthiopien in die Angelegenheiten Arabiens hineingezogen wurde, diesmal allerdings nicht mit einer direkten Intervention auf der Arabischen Halbinsel. Nicht Äthiopier überquerten das Rote

Meer, um in Arabien einzufallen, es waren vielmehr die Araber selbst, die nach Äthiopien kamen. Da der Handel mit Axum Teil der mekkanischen Wirtschaft war, bestiegen einige der ersten Gläubigen vermutlich äthiopische Handelsschiffe, um den Feindseligkeiten in Mekka zu entkommen und beim *negus* Zuflucht zu suchen. Als Christ unterstützte dieser Herrscher ganz gewiss nicht die Lehren des entstehenden Islam, falls er überhaupt Kenntnis davon hatte. Aber offenkundig stand er in dem Ruf, unbescholten und gottesfürchtig zu sein, was diese neuen arabischen Monotheisten in Mekka verlockend fanden.

Und so emigrierte um 615 eine Gruppe von Mohammeds Anhängern nach Axum. Dies wird manchmal als erste Auswanderung oder Hidschra bezeichnet, eine verblüffende Vorwegnahme der großen Hidschra nach Medina sieben Jahre später. Betrachtet man den Zeitpunkt dieser Hidschra, so erscheint es nicht unmöglich, dass das Unbehagen der Auswanderer durch die Nachricht von der persischen Eroberung Jerusalems im Jahr zuvor noch gewachsen war: ein folgenschweres Ereignis, das uns in Kapitel 5 beschäftigen wird. Die Chronologie der Geschehnisse ist nicht ganz gesichert, aber als in Arabien die Nachricht eintraf, die Perser hätten mit Unterstützung der Juden diese für die Christen symbolische Stadt erobert, wird den Gläubigen der Hof des *negus* in Äthiopien erst recht als ein sicherer Zufluchtsort erschienen sein. Sowohl die Feindseligkeiten in Mekka als auch Persiens Allianz mit den Juden könnten für die Gläubigen Gründe gewesen sein zu fliehen.[5]

Die breite muslimische Tradition von Geschichten über die Auswanderer (sie wurden *muhādschirūn* genannt, diejenigen, die «die Hidschra unternahmen») deutet darauf hin, dass sie in Axum freundlich aufgenommen wurden und einige Jahre dort blieben, obwohl die Quraisch Delegationen an den *negus* entsandten und ihn aufforderten, sie zurückzuschicken.[6] Ein überraschender Nachtrag zur Geschichte der ersten Hidschra ist ein Bericht, dem zufolge der ersten bald eine zweite Gruppe von Auswanderern folgte. Hierzu lässt sich nur wenig Zuverlässiges sagen, aber al-Balādhurī erwähnt ausdrücklich eine zweite Auswanderung, und es scheint, dass diesmal die Zahl der Flüchtlinge noch größer war als bei der ersten Welle.[7] Die arabische Tradition ist ungewöhnlich reich an Erzählungen über die Reaktion des äthiopischen Monarchen auf seine Gäste aus Mekka. Als man ihm Verse aus dem Koran vortrug, soll er geweint haben. Nach dem Tod des *negus* soll Mohammed das rituelle Gebet, *salāt*, für ihn gesprochen haben.[8]

Es herrscht weitgehend Einigkeit darüber, dass der *negus*, der den mekkanischen Flüchtlingen um 615 in Axum Schutz bot, wahrscheinlich der letzte äthiopische Herrscher war, der Münzen prägen ließ.[9] Es handelt sich wohl um einen Zeitgenossen Mohammeds, der den Namen Armah annahm, und er könnte mit Ascham ibn Abdschar identisch sein, einem gütigen Monarchen, der Mohammed sogar Baumaterial für den Wiederaufbau der Kaaba geschickt haben soll. Armah lautet der Name auf den letzten Bronze- und Silbermünzen, die die Äthiopier prägten. Eine dieser Silbermünzen trägt auf der Rückseite eine einzigartige Abbildung: zwei einen Bogen tragende Doppelsäulen mit einem griechischen Kreuz darüber und einem weiteren länglichen Kreuz auf jeder der Doppelsäulen. Unter dem Bogen befindet sich ein umgekehrtes Dreieck mit einem Kreis darunter. Stuart Munro-Hay hat darin die Darstellung eines Kirchenbaus gesehen, und man kann ihm schwerlich widersprechen. Seine Spekulation, es handle sich dabei um die Grabeskirche in Jerusalem, ist verlockend, wenn man sich die bis heute erhaltenen Eingangsportale vor Augen führt.[10]

Wenn die Auswanderer aus Mekka kurz nach der persischen Eroberung Jerusalems in Axum eintrafen, könnten diese letzten bemerkenswerten Münzen des *negus* die Nachricht von dieser Eroberung spiegeln, die sich für die Christen in der gesamten byzantinischen Welt als so folgenschwer erweisen sollte. Ein anschauliches Beispiel für die breite arabische Tradition von Berichten über den Aufenthalt der Mekkaner im christlichen Äthiopien ist ein Koranvers, in dem eingeräumt wird, Allah habe die Geburt Jesu durch die Jungfrau Maria bewirken können. Der *negus* wusste wahrscheinlich, dass die Offenbarungen an Mohammed auch die Anerkennung der jungfräulichen Geburt und der Mission Jesu beinhalteten. Als er die Worte des Propheten vernahm, soll er so bewegt gewesen sein, dass er einigen Überlieferungen zufolge Mohammed als den Gesandten Gottes anerkannte und insgeheim sogar zum Islam konvertierte.[11] All dies ist historisch nicht überprüfbar, legt jedoch nahe, dass es zwischen den muslimischen Gläubigen und den äthiopischen Christen gewisse Sympathien gab. Die Ereignisse in Jerusalem könnten dazu geführt haben, dass die «Völker des Buches» (oder «Buchbesitzer») einander in irgendeiner Weise unterstützten.

In Sure 4, Vers 171 werden die Christen ausdrücklich als Volk des Buches (oder «Buchbesitzer») angesprochen, was auf einen Austausch zwischen Mekka und Axum zur Zeit der ersten Hidschra hindeuten könnte. In diesen bekannten Versen geht es um das Problem der Trinität, die für jeden Anhänger eines neuen Monotheismus Grund zur Besorgnis war: «Ihr Buchbesitzer! Geht nicht zu weit in eurer Religion, und sagt nur die Wahrheit über Gott! Siehe, Christus Jesus, Marias Sohn, ist der Gesandte Gottes und sein Wort, das er an Maria richtete, und ist Geist [*rūh*, Atem] von ihm. So glaubt an Gott und seine Gesandten und sagt nicht: ‹Drei!› Hört auf damit, es wäre für euch besser.

Denn siehe, Gott ist *ein* Gott; fern sei es, dass er einen Sohn habe.»

Im Jahr 628, nach seiner Rückkehr von Medina nach Mekka, schickte Mohammed, wie berichtet wird, Briefe an die Herrscher der ihn umgebenden Welt und forderte sie auf, ihn in seiner Rolle als Gesandter Gottes anzuerkennen und den Islam anzunehmen. Er soll an Kaiser Heraklius in Konstantinopel geschrieben haben, an den persischen Schah Chosrau in Ktesiphon, an den Muqawqis (vielleicht den Patriarchen) in Alexandria, an al-Hārith ibn ʿAbd Kulāl im himyaritischen Arabien und – in Anbetracht der ersten Hidschra nach Äthiopien vielleicht am wichtigsten – an den regierenden *negus*, wohl Armah, den letzten bezeugten Herrscher jener Zeit und Gastgeber der *muhādschirūn*. Verständlicherweise wurde die Authentizität all dieser Briefe des Propheten an die Herrscher der Welt infrage gestellt, obwohl eine Handschrift des Briefes an Hārith in sabäischer (Musnad-)Schrift erhalten geblieben ist.[12] Das würde auf eine sehr frühe Abschrift hindeuten. Der Brief an Chosrau (Kisra) hat einige Befürworter gefunden. Der Brief an den *negus* enthält eine explizite Anspielung auf Maria und die jungfräuliche Geburt, und dasselbe gilt für Berichte über muslimische Kontakte mit dem *negus*.[13] Doch die muslimische Tradition ist uneins darüber, wie der *negus* das Schreiben aufgenommen hat. Es wird berichtet, er habe den Brief abgelehnt und zerrissen, aber auch, er sei der Aufforderung zur Konversion gefolgt, habe Mohammed Treue geschworen und den Islam angenommen.

Natürlich lässt sich Mohammeds Brief an den *negus* keine zuverlässige Information entnehmen, so wenig wie den Briefen an die anderen Herrscher. Doch er ist Teil eines Dossiers, das ein kontinuierliches Interesse der ersten Gläubigen an einer Unterstützung durch die äthiopischen Christen bekundet. Dieses Dossier beginnt vor Mohammeds Hidschra nach Medina im Jahr 622 und reicht wahrscheinlich weit darüber hinaus. Der Widerhall im Koran ist unverkennbar.

Mohammeds Schreiben an den *negus* soll folgendermaßen gelautet haben: «Im Namen Allahs des barmherzigen Erbarmers: Von Mohammed, dem Propheten des Islams, an den *negus*, den König Äthiopiens: Friede sei mit dir. Ich danke Allah in deinem Namen – es gibt keinen Allah außer Ihm –, der du der heilige König bist – Friede, Gläubiger, Beschützer. Ich bezeuge, dass Jesus, der Sohn Marias, Gottes Geist und Sein Wort ist. Das Wort, das Er der guten reinen Jungfrau Maria eingab, und aus diesem Wort gebar sie Jesus. Allah schuf ihn aus Seinem Geist [*rūh*, Atem], so wie er Adam mit Seiner Hand schuf.[14] Ich fordere dich und deine Soldaten auf, an Allah, den Allmächtigen, zu glauben. Ich habe es dir kundgetan und dir einen Rat gegeben, nimm ihn also an. Friede sei mit denen, die dem rechten Weg folgen.»

Ibn Ishāq zufolge gab der *negus* dem Propheten die Antwort: «Ich bezeuge, dass du der wahrhafte und bestätigte Apostel Gottes bist, und ich habe dir Gefolgschaft geschworen … ich bin ein Muslim geworden … ich schicke dir meinen Sohn.» Tatsächlich behauptete Ibn Ishāqs Vater, er habe den Sohn des *negus* in Mekka gesehen, der eher wie ein Araber als wie ein Schwarzer ausgesehen habe und groß und hübsch gewesen sei.[15]

Um dieselbe Zeit, als Mohammed angeblich seinen Brief an den *negus* schickte, starb einer der frühen *muhādschirūn*, die nach Axum gekommen waren. Sein Name war Ubaidullāh ibn Jahsch. Genaue Details über seine Ankunft und seinen mehr als zehnjährigen Aufenthalt in Äthiopien, offenbar zwischen 615 und 627, sind nicht verfügbar, es gibt jedoch keinen Grund, das wichtigste Ereignis seines Lebens als Exilant anzuzweifeln. Er konvertierte zum Christentum, vermutlich ermuntert durch das Beispiel des *negus* als eines gottesfürchtigen und gastfreundlichen Herrschers. Ubaidullāh war ein entfernter Verwandter des Propheten, und sein frühes Bekenntnis zum Islam stattete ihn mit dem Rüstzeug eines monotheistischen Glaubens aus, der ihn Zugang zu den christlichen Monotheisten finden ließ. In seiner *Sīra* erwähnt Ibn Ishāq Ubaidullāh als einen von vier namhaften Polytheisten in Mekka, die, noch bevor sie Muslime waren, Monotheisten geworden waren. Sie hatten den Glauben Abrahams angenommen, die *hanifīyya*, einen heidnischen Monotheismus, der in der dritten Sure des Korans ausdrücklich mit Abraham in Verbindung gebracht wird. Ubaidullāh soll gegenüber seinen ehemaligen Glaubensgenossen erklärt haben, Muslime sähen nur die Hälfte, den Christen dagegen liege alles klar vor Augen.[16]

Obwohl Ubaidullāh sich nach seiner Konversion von seiner Frau scheiden ließ und obwohl – Ibn Ishāq zufolge – die muslimische Tradition besagt, der Prophet habe sie anschließend zur Frau genommen, wurde Ubaidullāh, soweit wir wissen, von den Muslimen nicht wegen seines Abfalls vom Glauben bestraft. Er suchte nicht das Martyrium wie einige frühe Christen nach der Ankunft des Islams. Seine Aufnahme in das äthiopische Gemeinwesen und seine Akzeptanz durch die muslimischen Gläubigen, die er zurückließ, scheinen die muslimische Toleranz gegenüber den Juden und Christen als «Völker des Buches» (oder «Buchbesitzer») nach den islamischen Eroberungen vorwegzunehmen. Auch wenn diese Nichtgläubigen unter muslimischer Verwaltung eine Steuer bezahlen mussten, wurden sie als Monotheisten mit einem eigenen heiligen Buch weder verfolgt noch wegen ihres Glaubens hingerichtet. Die Konsequenzen einer Konversion vom Christentum zum Islam waren nur dann ernst, wenn man danach dem Islam wieder abschwor, um zum Christentum zurückzukehren. Ein solcher Glaubensabfall galt als genauso schwerwiegend wie die Entweihung des Namens und der Lehre Mohammeds und konnte grausame Vergeltung und sogar den Tod zur Folge haben.[17]

Der Einfluss des Christentums auf die frühen muslimischen Gläubigen spiegelt sich in der Achtung wider, die sie dem *negus* in Äthiopien entgegenbrachten, und darin, dass sie in seinem Reich Zuflucht suchten. Dies wiederum hatte seine Wurzeln in der langen Zeit von Abrahas Herrschaft auf der Arabischen Halbinsel. Die Äthiopier waren im Jahr 525 zur Arabischen Halbinsel übergesetzt, um die Gewaltherrschaft der arabischen Juden zu beenden, die mit der Verfolgung der Christen ihren eigenen Monotheismus etablieren wollten. Als Abraha die Macht übernahm, war die Lage instabil. Die beiden monotheistischen Religionen standen einander feindselig gegenüber, und es gab eine große Anzahl von heidnischen Bewohnern, die die Überfälle von Monotheisten beider Lager überlebt hatten. Als Abraha sein Reich an die Perser abtrat, war Mohammed mit dieser religiösen Instabilität konfrontiert, während er begann, Allah als den einen Gott zu verkünden. Damit stand er zwangsläufig in Opposition zu den Polytheisten und gleichzeitig in einer unentschiedenen Beziehung zu dem einen Gott der Christen und der Juden. Sie alle mussten die Gottesfürchtigkeit ihres gemeinsamen Stammvaters Abraham anerkennen, eines Monotheisten aus einer fernen und unwiederbringlich verlorenen Zeit des universellen Paganismus. Äthiopien war in diesem komplexen Gefüge rivalisierender Religionen ein wichtiges Bindeglied.

Äthiopiens letzte Erfahrung in Arabien und die Begegnung mit den arabischen Flüchtlingen in Axum waren Teil eines größeren Gesamtzusammenhangs, der dieses christliche Reich mit

Byzanz auf der einen und mit den Juden auf der anderen Seite verband. Der legendenhaften Geschichte von den Ursprüngen der Äthiopier zufolge war die Bundeslade zur Zeit der Königin von Saba auf wunderbare Weise nach Axum gelangt.[18] Diese Legende, die den noch heute verbreiteten Glauben begründete, die Bundeslade befinde sich in Äthiopien, ist in dem heiligen Buch der äthiopischen Christenheit, *Die Herrlichkeit der Könige (Kebra Nagast)*, bewahrt. Von diesem Buch ist die altäthiopische Übersetzung eines arabischen Textes erhalten, der selbst wiederum auf der koptischen Version eines Originals in vermutlich altäthiopischer Sprache und Schrift (Geʿez) beruht. Die Fundamente des äthiopischen Christentums wurden also im selben nahöstlichen Milieu gelegt, das es Mohammed ermöglichte, seine neue monotheistische Religion zu stiften.

5

Die Perser in Jerusalem

Im Schicksalsjahr 614 stellten die Armeen des Sassanidenkönigs Chosrau II. Belagerungstürme vor der Stadt Jerusalem auf, durchbrachen die Mauern und drangen in die Stadt ein. Die Invasion war das verheerendste Ereignis in der Geschichte dieser alten und heiligen Stadt seit der Niederschlagung des Bar-Kochba-Aufstands und der Vertreibung der jüdischen Bevölkerung durch die römischen Streitkräfte im Jahr 135. Nachdem die Perser das syrische Antiochia angegriffen hatten, waren sie über Caesarea Maritima Richtung Süden nach Jerusalem gezogen. Abgesehen von Plünderungen durch christliche Mönche, Samaritaneraufständen, einer kleinen Erhebung unter dem Caesar Gallus und dem gescheiterten Plan Julians des Abtrünnigen, den Tempel von Jerusalem wiederaufzubauen, hatte Palästina in den vierhundert Jahren zuvor keine solche Gewalt und Zerstörung erlebt.

Zwar wuchs in diesem Zeitraum die christliche Bevölkerung, aber es war auch für die alteingesessenen Juden eine gute Zeit, besonders in Galiläa, das eine Blüte erlebte und eine große Zahl rabbinischer Gelehrter hervorbrachte. Neben dem traditionellen Hellenismus gab es weiterhin lokale heidnische Kulte, was in der

Spätantike dazu geführt hatte, dass *hellene* einen Heiden bezeichnete, obwohl die griechische Sprache und Kultur weiterhin neben anderen Sprachen existierte und hohes Ansehen genoss. Nach all diesen Jahrhunderten wurde durch die Invasion der sassanidischen Perser eine relativ ruhige und friedliche Welt erschüttert. Im Rückblick warf dieser Einfall den Schatten einer weiteren großen Invasion nur zwanzig Jahre später voraus. Die Parallele zwischen der persischen Eroberung Jerusalems im Jahr 614 und der muslimischen Einnahme der Stadt im Jahr 638 lädt zwar zu Vergleichen und zum Moralisieren ein, aber jeder Zusammenhang, den man zwischen diesen beiden Ereignissen herstellte, stünde bestenfalls auf wackeligen Beinen und wäre wahrscheinlich unhaltbar.

Man wird wohl nicht länger behaupten können, die persische Verwüstung habe die Region physisch, wirtschaftlich und spirituell so zerstört, dass sie sich bereitwillig den Heeren des Propheten ergab. Ebenso wenig wird man sagen können, die Muslime hätten die Spuren der alten Symbiose von Juden, Christen und Heiden ausgelöscht. Was zwischen 614 und 638 geschah, war zweifellos ein Umbruch und besiegelte mit der Schlacht am Yarmuk im Jahr 636 das Ende der byzantinischen Herrschaft über die Region. Doch die Wunden, die Jerusalem und Palästina erlitten, waren relativ geringfügig und veränderten kaum den gewohnten Gang des Alltagslebens auf dem Land und in den wichtigsten Städten. Heute ist klar, dass das kulturelle, wirtschaftliche und religiöse Bild nach 638 nicht viel anders war als vor 614. Die religiösen und ideologischen Kräfte, die den tiefen Umbrüchen jener Zeit zugrunde lagen, produzierten in den nachfolgenden Jahrhunderten so unterschiedliche und oft widersprüchliche Erzählungen von den Ereignissen, dass nur eine akribische historische Quellenkritik all dem überhaupt einen

Sinn abgewinnen kann.[1] Die Archäologie ist ein sehr viel zuverlässigerer Wegweiser zum Verständnis dessen, was geschah, auch da, wo sie die erst viel später entstandenen historischen Berichte infrage zu stellen scheint.[2]

Ihren eigentlichen Ursprung hat die persische Eroberung Jerusalems in der Ermordung des byzantinischen Kaisers Mauritius im Jahr 602 durch eine Intrige des Usurpators Phokas. Der persische Schah Chosrau II. verdankte seinen Thron Mauritius' Vermittlung in schwieriger Zeit. Als dieser dann durch einen Usurpator aus dem Weg geräumt wurde, sah Chosrau die Gelegenheit gekommen, den Tod seines Wohltäters zu rächen, indem er die neue Schwäche des Byzantinischen Reiches ausnutzte. Er begann einen gewaltigen Feldzug, den größten Angriff persischer Streitkräfte auf Syrien, Kleinasien und Palästina seit den Eroberungen Schapurs I. im dritten Jahrhundert. Die latente Feindseligkeit der Sassaniden, die Mauritius zu seinem eigenen Vorteil hatte nutzen können, wurde jetzt auf furchtbare Weise virulent.

Chosraus Vorstoß ebnete dem außerordentlich klugen Heraklius im Jahr 610 nicht nur den Weg, Phokas zu stürzen, sondern führte auch zu einer direkten Konfrontation der beiden Imperien und Herrscher. 613 wurde Heraklius in Kleinasien vernichtend geschlagen. Chosrau zog weiter in die syrische Stadt Antiochia, das sich noch kaum von den Zerstörungen einer persischen Plünderung im Jahr 540 erholt hatte.[3] Die Eroberung Antiochias war ein unheilvoller Auftakt für die Eroberung Jerusalems im Jahr darauf.

Bis zu Mauritius' Tod hatte sich das Sassanidenreich, der Rivale von Byzanz im Nahen und Mittleren Osten, ruhig verhalten, auch gegenüber Justinians unverhohlenem Expansionismus. Die beiden Großreiche hatten ihre Interessen auf indirektem

Weg, durch die Unterstützung von Klientelstämmen wie den Dschafniden (oder Ghassāniden) in Syrien und den Nasriden (oder Lachmiden) im Süden, verfolgt. Auf der Arabischen Halbinsel hatten sich die Perser, wie wir gesehen haben, die Ambitionen der arabischen Konvertiten zum Judentum in Himyar geschickt zunutze gemacht. Mit dem Aufstieg Ella Asbehas in Äthiopien, eines starken Königs, wurde auch der Anspruch verstärkt, ehemalige Herrschaftsgebiete in Arabien zurückzugewinnen. Als dann die Christen in Nadschrān von den jüdischen Himyariten grausam verfolgt wurden, kam ihnen der christliche *negus* von Axum zu Hilfe und setzte über das Rote Meer. Das wiederum bot den Persern die Gelegenheit, ihre Unterstützung der Juden gegen die Christen zu verstärken, die vom byzantinischen Kaiser ausdrücklich dazu ermuntert worden waren, auf der Arabischen Halbinsel zu intervenieren.[4]

Als Chosraus Heer vor den Mauern Jerusalems stand, war es kaum ein Geheimnis, dass die Juden mit der Unterstützung der Angreifer rechnen konnten. Die persische Sympathie für die Juden der Arabischen Halbinsel hatte eine lange Tradition, und wahrscheinlich wussten jüdische Himyariten in Palästina, wie zum Beispiel jene, deren Gräber in Bet Scheʿarim entdeckt wurden, sehr genau, was ihre Glaubensgenossen den Persern verdankten.[5] Eine vor kurzem unweit von Jerusalem entdeckte Grabinschrift für eine gewisse Lea verweist sogar auf eine noch engere Verbindung zur Heiligen Stadt. Der zweisprachige Text beginnt mit einem Zitat aus dem biblischen Buch Daniel in einer Mischung aus Aramäisch und Hebräisch, der Text darunter ist in südarabischem Sabäisch.[6]

Zwei erhaltene Texte, die innerhalb weniger Jahrzehnte nach 614 entstanden, zeigen, dass die Hoffnung der Juden auf die persischen Invasoren nicht enttäuscht wurde und dass die Juden

Jerusalems ihrerseits taten, was sie konnten, um die persische Präsenz zu unterstützen. Seit dem babylonischen Exil lebten in Mesopotamien zahlreiche Juden, und es überrascht keineswegs, dass die Juden Jerusalems im Jahr 614 mit den persischen Invasoren bereitwillig kooperierten. Zwei Augenzeugenberichte vervollständigen das Bild dessen, was geschah.

Der erste stammt von einem Mönch aus dem Kloster Mar Saba und entstand, nachdem Heraklius im Jahr 630 das Wahre Kreuz zurückgebracht hatte. Dieser Mönch trug den Namen Strategios, in der jüngeren Forschung wird er manchmal zu Unrecht mit einem phantomhaften Autor namens Antiochus oder Antiochius verknüpft, den Mignes *Patrologia Graeca* vor langer Zeit aus verschiedenen Texten zusammengeflickt hat. Es besteht kein Zweifel, dass Strategios nicht Antiochus oder Antiochius ist und dass er ursprünglich auf Griechisch schrieb. Doch leider kennen wir den Text nur in georgischer und arabischer Übersetzung. Die georgische Überlieferung ist zuverlässiger und mit Sicherheit sorgfältiger bearbeitet.[7] Strategios neigt zwar bisweilen zu Übertreibungen, aber seine Schilderungen sind äußerst detailreich, mit vielen topographischen Angaben zu wiedererkennbaren Orten in Jerusalem und einem expliziten Verweis auf den Mönch Modestus, dessen Korrespondenz mit dem armenischen Katholikos Komitas seine Historizität verbürgt. Das Schicksal der Christen Jerusalems schrieb Strategios merkwürdigerweise den Zirkusparteien der Stadt zu, den Blauen und den Grünen. Er betrachtete die persische Invasion als Gottesstrafe für begangene Sünden und warf den Zirkusparteien vor, sie hätten die christliche Bevölkerung vom rechten Weg abgebracht. Strategios' Schilderungen von Massakern und Massengräbern und seine Behauptung, die Perser hätten Kirchen und Heiligtümer zerstört, bedürfen freilich der nüchternen

Überprüfung durch die Archäologie, was erst in jüngster Zeit möglich geworden ist.

Doch bevor wir uns diesen archäologischen Zeugnissen und dem zweiten Augenzeugenbericht zuwenden, müssen wir Strategios' Schilderung genauer betrachten. Der Mönch berichtet:

> Als die bösen Juden, Feinde der Wahrheit und Christushasser, sahen, wie die Christen der Hand des Feindes übergeben wurden, freuten sie sich sehr. In ihrer Bosheit gegen die Leute fassten sie einen bösen Plan, denn sie standen bei den Persern im Ruf, die Verräter der Christen zu sein. Sie befanden sich am Rand eines Teichs und riefen den Söhnen Gottes, die dort festgehalten wurden, zu und sagten zu ihnen: «Wenn ihr dem Tod entrinnen wollt, so werdet Juden und verleugnet Christus. Geht heraus und kommt zu uns. Wir kaufen euch mit unserem Geld von den Persern los, und ihr werdet Gutes durch uns erfahren.» Aber die böse Absicht ihres Plans wurde nicht erfüllt, und vergebens war ihr Bemühen, denn die Kinder der heiligen Kirche zogen den Tod um Christi willen einem Leben in Gottlosigkeit vor.[8]

Diese Erzählung ist ganz klar antijüdisch. Zwar gibt es keinen expliziten Beleg dafür, dass die Perser von vornherein die Absicht hatten, die Juden zu begünstigen, doch genau das wird hier unterstellt. Strategios erwähnt ferner eine weitere religiöse Gruppe in der Stadt, die Heiden, die er dem damaligen Sprachgebrauch gemäß Griechen (*hellenes*) nennt. Ihnen wirft er Feigheit vor. Der Mönch Modestus hatte versucht, ein Heer von sogenannten Griechen zu mobilisieren, doch sobald die Ärmsten der gewaltigen persischen Streitmacht ansichtig wurden, ergriffen sie die Flucht.[9] Bei den Griechen, die wegliefen, muss es sich also um heidnische Bewohner Jerusalems gehandelt haben. Außerdem berichtet Strategios von «Bewohnern der Stadt», die über die Flucht der Griechen (*hellenes*) vor den Persern bekümmert gewesen seien; bei ihnen handelte es sich wohl um Heiden, die Modestus nicht rekrutiert hatte. Die Christen scheinen weder den Juden noch den Heiden viel Sympathie entgegengebracht zu haben, obwohl Strategios der Ansicht war, die Christen hätten mit ihrem sträflichen Verhalten als Anhänger der Zirkusparteien die Katastrophe selbst heraufbeschworen. Seine Deutung der Geschehnisse, ganz zu schweigen von seiner Wortwahl für die verschiedenen Gemeinschaften Jerusalems, ist fragwürdig, es wäre jedoch vernünftig zu folgern, dass die Perser die Juden unterstützten und den Heiden gegenüber indifferent waren. Sie hatten die byzantinischen Christen im Visier.

Etwa zur selben Zeit wie Strategios verfasste der Mönch und spätere Patriarch Sophronius einen zweiten Augenzeugenbericht. Sophronius schrieb zweiundzwanzig meisterhafte Gedichte zur Feier liturgischer Feste, in griechischer Sprache und im klassischen anakreontischen Versmaß. Sophronius, der auch ein bekannter Sophist war, stand in der griechischen Dichtungstradition, und unter seinen zweiundzwanzig anakreontischen Gedichten (Nr. 23 gilt zu Recht als Fälschung) finden sich eines über die persische Eroberung Jerusalems und zwei über die heiligen Orte der Stadt.[10] Wir wissen nicht, ob Sophronius im Jahr 614 in der Stadt weilte, obwohl er sie mit Sicherheit besucht hatte, bevor er sich mit seinem Freund Johannes Moschus für kurze Zeit in Alexandria aufhielt. Von dort ging er mit Moschus nach Rom, wo dieser starb.

Das vierzehnte von Sophronius' anakreontischen Gedichten ist ganz der Eroberung der Heiligen Stadt gewidmet, und wie Strategios' Schilderungen scheint es auf persönlichen Erfahrungen oder zumindest auf dem Bericht eines Augenzeugen zu beruhen. Sophronius wettert gnadenlos gegen die sassanidischen Invasoren, die er nicht nur Perser nennt, sondern auch verächtlich als Meder und Parther bezeichnet. Seine Sprache ist drastisch: «Der heimtückische Meder kam aus dem niederträchtigen Persien, kämpfte gegen Städte und Bürger, bekämpfte den Herrscher Roms [gemeint ist Byzanz] … Ein Dämon erhob sich mit wilder Wut und mörderischer Absicht und zerstörte viele heilige Städte mit blutigen Schwertern.» Und dann geht das Gedicht über zu den Juden: «Als sie [die Christen] die Parther [sic] mit ihren jüdischen Freunden zuhanden sahen, liefen sie sofort los und schlossen die Tore der Stadt» und beteten zu Christus um Hilfe. Sophronius starb 638, nachdem er vier Jahre lang der Patriarch von Jerusalem gewesen war. Es war das Jahr der Ankunft der Muslime in Jerusalem und sein letztes Jahr als Patriarch, und es war Sophronius, der mit dem muslimischen Kalifen ʿUmar al-Khattāb den Vertrag zur Übergabe Jerusalems schloss.[11]

Selbst wenn wir bei unserer Suche nach einer historischen Erklärung für die Rolle der Juden bei der Eroberung Jerusalems im Jahr 614 Strategios' tendenziöse Schilderung ausklammern, bleiben uns immer noch eine Fülle topographischer Details zu Massengräbern und zerstörten Kirchen. Diese Details haben lange Zeit moderne Darstellungen der Eroberung Jerusalems dominiert. Angaben über eine in die Zehntausende gehende Zahl von getöteten Christen sind jedoch unwahrscheinlich. Unter den Kirchen, die als zerstört bezeichnet werden, sind die bekanntesten die Nea-Kirche (Hagia Maria Theotokos), die Hagia-Sion-Kirche, die Kirche am Schafteich, die Grabeskirche sowie Kirchen auf dem Ölberg. Viele dieser Stätten werden unter Berufung auf archäologisches Material in der ausführlichen Einleitung zur Geschichte Jerusalems im ersten Band des neuen *Corpus* der Inschriften Judäas und Palästinas genannt.[12] Eine definitive Analyse der archäologischen Befunde sowohl in Bezug auf Massengräber als auch auf die Zerstörung von Kirchen jedoch verdanken wir Gideon Avni. Mit Hilfe von Forschungsergebnissen zahlreicher Kollegen trug er überzeugende Argumente gegen den historischen Wert vieler der Ausführungen von Strategios vor, ohne sie jedoch, wie im Fall von Strategios' Bemerkungen über die Juden, pauschal für falsch zu erklären.[13]

Strategios zufolge, so Avni, kümmerte sich ein gewisser Thomas um das Begräbnis der getöteten Christen an fünfunddreißig verschiedenen Stätten Jerusalems. Einige dieser Stätten können zwar mit bekannten Orten in Verbindung gebracht werden, doch eine sorgfältige archäologische Untersuchung der Stratigraphie ergibt entweder keinen Beleg für Zerstörungsschichten zur Zeit der persischen Invasion, oder es fehlt keramisches Material, um mögliche Brandschichten zu datieren. Was die Massengräber betrifft, so wurden nur sieben aus byzantinischer Zeit entdeckt, die alle außerhalb der Mauern der Altstadt liegen. Die einzig sichere Übereinstimmung mit Strategios ist eine in den Fels gehauene Höhle in Mamilla, 120 Meter westlich des Jaffators. Strategios zufolge wurden viele Christen, die sich in Mamilla versammelt hatten, getötet und ihre Leichen von dem frommen Thomas in eine nahe gelegene Höhle gebracht und bestattet. Die Höhle, die in Mamilla ausgegraben wurde, enthielt tatsächlich menschliche Knochen, und eine kleine Kapelle am Höhleneingang war mit christlichen Symbolen geschmückt, darunter drei Kreuzen. Eine anthropologische Analyse der Knochen deutet darauf hin, dass es sich bei den meisten der Skelette in der Höhle – mehrere hundert wurden gefunden – um die sterblichen Überreste von Personen jüngeren Alters handelt, mehrheitlich Frauen. «All dies weist darauf hin, dass die Personen eines plötzlichen Todes starben», so Avni.[14]

Die Art und Weise der Bestattung in der Mamilla-Höhle und in den sechs anderen Massengräbern aus derselben Zeit unterscheidet sich, wie Avni betont, stark von anderen Jerusalemer Gräbern aus byzantinischer Zeit. In der Regel wurden die Toten in Familiengräbern oder in Krypten auf dem Gelände von Klöstern bestattet. Die sieben Massengräber sind also ungewöhnlich und deuten auf eine eilige Bestattung hin, was einen zeitlichen Zusammenhang mit der persischen Invasion nahelegt. Trotzdem kann man davon ausgehen, dass die Zahl der Toten und der Gräber sehr viel geringer war als von Strategios angegeben. Aus diesem Grund ist auch gegenüber seiner Schilderung der Zerstörung von Gebäuden, vor allem von Kirchen, Skepsis angebracht. In der Vergangenheit wurden für solche Zerstörungen archäologische Befunde in Anspruch genommen, Avni zufolge jedoch waren die Interpretationen ungenau, weil es keine vernünftige Keramikklassifikation gab, die eine glaubwürdige Chronologie hätte liefern können. Die jüngste und umfangreichste Analyse von Jodi Magness zeigt eine bemerkenswerte Kontinuität von Keramiktypen und Münzen, was in den letzten Jahren vielen Historikern als Beleg dafür gilt, dass viele Gebäude während der persischen und islamischen Eroberungen und darüber hinaus ununterbrochen genutzt wurden.[15]

Robert Schick hat in seinem unschätzbar wertvollen Buch über die christlichen Gemeinden Palästinas betont, es werde oft behauptet, die Grabeskirche sei in Brand gesteckt und schwer beschädigt worden und der heilige Modestus habe diese Gelegenheit genutzt, um mit Hilfe von Spenden der Gläubigen umfangreiche Reparaturen durchzuführen. Heute wissen wir, dass die Kirche im frühen siebten Jahrhundert nicht nennenswert beschädigt wurde und dass es auch keine wesentlichen Reparatur- oder Renovierungsarbeiten gab.[16] Leah Di Segni konnte zeigen, dass Kaiser Mauritius die byzantinischen Kapitelle der Kirche im Zuge von Reparaturarbeiten Ende des sechsten Jahrhunderts anbringen ließ und dass die auf diesen Kapitellen befindlichen Monogramme von den persischen Invasoren nicht angetastet wurden.[17] Auch Avni hat Rückschlüsse von archäologischen Befunden auf eine Zerstörung der Hagia Sion sowie der Eleona- und der Gethsemane-Kirche am Ölberg widerlegt.

Es ist zwar denkbar, dass Schäden, die die Perser in Jerusalem anrichteten, so rasch ausgebessert wurden, dass keine Spuren der Zerstörung erhalten blieben, aber sehr wahrscheinlich ist das nicht. Strategios hat die Zahl der Toten und der Massengräber eindeutig übertrieben. Neuere Ausgrabungen am Nordwesthang der Davidstadt bieten eine aufschlussreiche Variante dieser weniger spektakulären Deutung. In einem großen Gebäude, das vermutlich Verwaltungszwecken diente, wurden 264 nagelneue Goldmünzen entdeckt. Ein einzigartiger Fund, handelt es sich doch um eine bisher unbekannte Variante jener Münzen, die Heraklius zwischen 610 und 613 prägen ließ. Und alle 264 Münzen weisen einen eklatanten Fehler auf: Der erste Buchstabe von Heraklius' lateinischem Namen ist als A statt als H wiedergegeben. Die Ausgräber gehen mit gutem Grund davon aus, dass die Münzen in einer nur für kurze Zeit betriebenen lokalen Prägestätte in Jerusalem hergestellt wurden, die das Geld für die Besoldung der byzantinischen Besatzungstruppen lieferte. Wenn das stimmt, bezeugt der Münzschatz einen verzweifelten Versuch, das Geld zu retten, als das Gebäude zerstört wurde. Und da als Zeitpunkt dafür um 613 oder kurz danach angenommen werden muss, haben wir mit diesem neuen Fund eine Spur der persischen Invasion des Jahres 614. Wenn es aber so ist, handelte es sich mit Sicherheit nicht um die Schändung eines sakralen Gebäudes. Die Wissenschaftler, die ihre Erkenntnisse zu diesem neuen Münzschatz veröffentlicht haben, fragen sich zu Recht, ob die Münzen nicht einer byzantinischen Staatskasse entstammen, aus der die Soldaten bezahlt wurden – was der Grund für die persische Zerstörung des Gebäudes gewesen sein könnte.[18] Heilige Stätten und konfessionelle Auseinandersetzungen scheinen für die Perser in Jerusalem also keine Rolle gespielt zu haben. Insofern dokumentieren die neuen Ausgrabungen zwar eine Zerstörung im Jahr 614, verändern aber nicht das Bild, das die Archäologen in den letzten Jahren von Jerusalems Gräbern und Kirchen gewonnen haben.

Tatsächlich ähnelt das nun zutage tretende Bild der Heiligen Stadt nach dem Abzug der Perser in Richtung Ägypten auf verblüffende Weise dem, das Clive Foss zu all den Orten gezeichnet hat, durch die die Truppen Chosraus II. nach Phokas' Thronusurpation zogen. Bis dahin war man allgemein davon ausgegangen, dass die persische Invasion die gesamte Zivilisation der Region, ihre Landwirtschaft, ihre Städte und ihren Handel auslöschte. Diese apokalyptische Sicht bestimmte nicht nur die Forschung, sondern veranlasste Archäologen auch, ihre Daten im Einklang damit zu interpretieren. Nach Ansicht vieler Forscher schienen die Verwüstungen der persischen Invasion die frühislamischen Eroberungen zu erleichtern. Heute wissen wir, dass diese Deutung schlichtweg falsch ist.[19]

Foss hat zwar eingeräumt, dass die fragmentarischen Chroniken, auf die sich die Historiker stützen, den Schluss nahelegen, die persische Herrschaft sei «für die lokale Bevölkerung ein Desaster gewesen mit Blutvergießen und hohen Tributforderungen». Aber er hat akribisch genau dokumentiert, dass die Perser die lokalen Verwaltungsstrukturen beibehielten und das Ausmaß ihrer Gewaltakte beschränkt und in der Regel eine Reaktion auf Widerstand war. Foss' Thesen sind nun von Gideon Avnis Arbeit zum «byzantinisch-islamischen Übergang» in Palästina in vollem Umfang bestätigt worden.[20]

Von Südsyrien aus beurteilt, ging in den Randgebieten Palästinas unter der persischen Besatzung das Leben weiter seinen gewohnten Gang. Das belegen zahlreiche Inschriften, die auf die Zeit zwischen 614 und 630 datiert sind. Diese drastisch revidierte Sicht der persischen Invasion des siebten Jahrhunderts hat zu einem neuen Konsens über den Nahen Osten am Vorabend der islamischen Eroberungen geführt. Demnach war der Nahe Osten keineswegs verwüstet und wartete mitnichten auf einen neuen Herrscher, er hatte vielmehr bereits gelernt, unter einer fremden Macht zu überleben, und war daher wahrscheinlich imstande, sich mit einer weiteren neuen Macht zu arrangieren. Da die Perser im Allgemeinen den Miaphysiten Beistand leisteten, konnten sie ihren Kampf gegen Byzanz entlang religiöser Verwerfungslinien in einer Weise fortsetzen, die sich nicht von ihrer Unterstützung der Juden in Jerusalem und ihrer Gegnerschaft zu den chalcedonischen Christen, die noch in der Stadt waren, unterschied. Die Christen hatten bitter zu leiden, es gibt jedoch kaum Anhaltspunkte dafür, dass es den Juden oder den Heiden genauso ging.

Das bedeutsamste Ereignis nach der persischen Einnahme Jerusalems war die Eroberung Ägyptens. Alexandria hatte bereits viele chalcedonische Flüchtlinge aufgenommen, die in Palästina angesichts einer fremden Macht, die die Miaphysiten unterstützte, unzufrieden gewesen waren, doch mit der Ankunft der Perser in Ägypten wurden diese Chalcedonier erneut ins Exil getrieben. Selbst ein so vorbildlicher Christ wie Johannes der Almosengeber, zwischen 610 und 617 orthodoxer Patriarch von Alexandria, zog es vor, seine Schäflein im Stich zu lassen und nach Zypern zu fliehen, wo er 619 starb. Und sogar der spätere Patriarch von Jerusalem, Sophronius, der erst kurz zuvor nach Alexandria gekommen war und eloquente Verse über die Einnahme der Stadt geschrieben hatte (oder bald schreiben sollte), ging nach Rom. In ihrem Krieg gegen Byzanz machten sich die Perser die konfessionellen Wirren des nahöstlichen Christentums geschickt zunutze. Damit waren die Chalcedonier und Kaiser Heraklius, gegen den die Sassaniden ihren Krieg führten, die Hauptleidtragenden dieser Invasion. Doch indem sie die eroberten Gebiete mit ihren reichen jüdischen, christlichen und hellenistischen Traditionen (im religiösen wie im kulturellen Sinn) befriedeten und unter ihre politische Verwaltung stellten, schufen die Sassaniden eine Welt, die sich von der bisherigen nicht sehr unterschied.

Als dann die Heere Mohammeds eintrafen, fanden sie keine verwüstete Zivilisation und keine zerstörte Wirtschaft vor. Sie fanden christliche Gemeinden, die von den vorigen Invasoren unterstützt worden waren, sowie Chalcedonier wie Sophronius, der 619, nach dem Tod seines Freundes Johannes Moschus, ruhig und gelassen nach Jerusalem zurückgekehrt war. Irgendwann nach seiner Rückkehr aus dem Exil in Alexandria fügte Sophronius in seine anakreontischen Gedichte zur Feier liturgischer Feste nicht nur seine bittere Klage über die persische Invasion des Jahres 614 ein, sondern auch zwei weitere Gedichte, in denen er voll nostalgischer Sehnsucht die wichtigsten Monumente und heiligen Stätten Jerusalems besang. Wann genau er diese Gedichte schrieb, ist unklar, sicher jedoch ist, dass er 619 erneut in Jerusalem war. Er hatte also die Ereignisse von 614 entweder selbst miterlebt oder war gut darüber informiert. Doch fünf Jahre später muss er den Zustand der Stadt mit eigenen Augen gesehen haben. Da er vermutlich keine raffinierten griechischen Verse schrieb, während Moschus in Rom im Sterben lag, spricht einiges dafür, dass er die anakreontischen Verse über die Herrlichkeiten Jerusalems nach seiner Rückkehr in die Stadt verfasste. Der aus diesen Versen sprechende sehnsuchtsvolle Wunsch, die heiligen Stätten wiederzusehen, scheint darauf hinzudeuten, dass er nicht in der Stadt weilte, als er sie schrieb, er könnte sich aber auch eines gängigen literarischen Kunstgriffs bedient und seine Nostalgie nur imaginiert haben, als er wieder in der Stadt war. In den beiden Gedichten über die heiligen Stätten Jerusalems jedenfalls deutet nichts darauf hin, dass Sophronius sich auch nur der geringsten Schäden oder Zerstörungen dieser Denkmäler bewusst war, sei es aus eigener Anschauung oder vom Hörensagen.

Die Araber auf der Arabischen Halbinsel indes zeigten wenig Interesse an den Streitigkeiten zwischen Miaphysiten und Chalcedoniern, und es gab auch keinen Grund dafür. Sie wussten, dass der miaphysitische *negus* von Äthiopien mit dem chalcedonischen Kaiser von Konstantinopel gemeinsame Sache gemacht und – wichtiger noch – die vor der Zwietracht in der Prophetenstadt Mekka Geflohenen in Axum aufgenommen hatte. Zum Zeitpunkt von Mohammeds eigener Auswanderung, seiner Hidschra von Mekka nach Medina im Jahr 622, waren die Großmächte des Nahen Ostens immer noch das sassanidische Persien und das Byzantinische Reich, das in der gesamten Region als «Rom» bekannt war. Eine dieser beiden Mächte sollte schon bald vernichtet werden. Und keine von ihnen hatte damit gerechnet. Auch Mohammed und seine Nachfolger nicht.

6

Mohammed und Medina

Der Widerstand seines eigenen Stammes, der Quraisch, dem sich Mohammed gegenübersah, als er in Mekka seine Offenbarungen empfing, überschattete seine Mission und seinen Einfluss. Der Exodus seiner Anhänger in das christliche Königreich von Axum spiegelte nicht nur die Zwistigkeiten zu Hause in Mekka, sondern war auch Ausdruck eines Bandes, das der Monotheismus zwischen einem neuen Propheten, der sich zum Gesandten des einen Gottes erklärte, und den sehr viel älteren und tief verwurzelten monotheistischen Religionen geknüpft hatte. Die zahlreichen anderen monotheistischen Propheten, die in Arabien zur selben Zeit auftauchten, stellten für Mohammed zwar eine Konkurrenz dar, doch diesen Bewegungen fehlte die tiefe Verwurzelung in den älteren monotheistischen Religionen. Im antiken Mittelmeerraum waren es genau zwei: das Christentum, die Religion von Byzanz und Äthiopien, in seiner chalcedonischen und nichtchalcedonischen (miaphysitischen) Ausprägung; und das Judentum in Judäa sowie in der jüdischen Diaspora von Nordafrika bis zum Irak.

Die Juden waren für die Araber der Arabischen Halbinsel keine Fremden. Mit dem Exodus, der nach der Zerstörung des

Tempels in Jerusalem durch Vespasian und Titus im Jahr 70 einsetzte, war die jüdische Diaspora erheblich gewachsen und hatte die Araber mit der Religion Israels bekannt gemacht, lange bevor sich in den nachfolgenden Jahrhunderten der christliche Monotheismus ausbreitete. Einige jüdische Gemeinden scheinen sich im Südjemen und entlang der Küste des Hadramaut angesiedelt zu haben, wo es Belege für einige frühe Synagogen gibt. Eine undatierbare Inschrift in hebräischen Buchstaben aus Bait al-Hādir bei Tanʿim östlich von Sanaa enthält eine Liste der vierundzwanzig traditionellen *mischmarōt* (Priesterkasten) für den Tempeldienst, und trotz der Schwierigkeiten, sie zu datieren, bezeugt diese Inschrift eine tiefe spirituelle Verbundenheit mit dem Land Israel. Ein Graffito aus Qāniʾ deutet auf eine relativ frühe jüdische Gemeinde und möglicherweise auch eine Synagoge an der Südküste der Arabischen Halbinsel hin.[1] Doch die vielleicht größte Gruppe von Auswanderern auf die Arabische Halbinsel nach 70 war eine jüdische Gemeinde, für die es in Yathrib im nordwestlichen Hedschas Belege gibt, hauptsächlich im oberen und attraktiveren Teil der Oase, einem gut bewässerten und für die Agrarwirtschaft geeigneten Landstrich. Die Juden von Yathrib stellten die wohl am besten etablierten Vertreter des Monotheismus im vorislamischen Arabien dar.[2] Ihre religiöse Botschaft und ihre rituellen Gebräuche fanden Beachtung und Nachahmung.

Als völlig überraschend und aus bis heute unklaren Gründen die arabischen Könige von Himyar im späteren vierten Jahrhundert das Judentum annahmen – zur selben Zeit, da das Christentum Arabien und Äthiopien erreichte –, nahm der jüdische Monotheismus militante Züge an. Die Auseinandersetzungen zwischen diesen beiden monotheistischen Religionen, von denen die eine aus der anderen hervorgegangen war, gewannen im fünften und sechsten Jahrhundert fast Züge eines Bruderkriegs. So führten die jüdischen Araber von Himyar einen gnadenlosen Verfolgungskrieg gegen christliche Siedlungen. Das blutige Massaker an Christen, das die Himyariten 523 in Nadschrān verübten, war den Persern und den Christen außerhalb Arabiens bekannt, denn König Yūsuf, der für das Massaker verantwortlich war, brüstete sich damit. Sein brutaler Angriff auf die Christen von Nadschrān verhieß nichts Gutes für die Zukunft.[3]

Der Dauerkonflikt zwischen den christlichen Byzantinern und den zoroastrischen Sassaniden Persiens wurde jetzt durch Stellvertreter in Arabien ausgetragen: zuerst indem die Äthiopier unter Beteiligung der Byzantiner intervenierten, die ihre christlichen Glaubensbrüder in Arabien unterstützten, dann mit der persischen Hilfestellung für die Juden über ihre nasridischen Klienten in al-Hīra, wo vor der christlichen wohl bereits eine jüdische Gemeinde existiert hatte.[4] Die beiden großen monotheistischen Religionen der vorislamischen Spätantike, die schon seit mindestens drei Jahrhunderten in Arabien verwurzelt waren, erlebten auch nach der Niederlage der himyaritischen Juden eine Blütezeit. Sie behaupteten sich weiterhin, waren aber instabile Komponenten der arabischen Gesellschaft vor Mohammed. In diesen Zusammenhang gehört die Auswanderung der Anhänger des Propheten nach Axum.

Um 570, lange nach der Zerschlagung der jüdischen Monarchie in Himyar und dem Zusammenbruch des christlich-äthiopischen Reiches von König Abraha, wurde Mohammed geboren. Mit dem Zusammenbruch dieses Reiches bot sich den sassanidischen Persern die Chance, mit Hilfe ihrer nasridischen Klienten die Fernkontrolle über die Arabische Halbinsel auszuüben. Als der Gesandte Gottes in Mekka auf wachsenden Widerstand stieß und mit der Auswanderung einiger seiner Gläubigen nach Axum zunehmend in die Isolation geriet, sahen interessierte Gruppen in der Oase Yathrib 320 Kilometer weiter nördlich die einmalige Gelegenheit gekommen, ihre diplomatische und wirtschaftliche Position zu festigen. Sie machten sich die Instabilität zunutze, die nach dem Erstarken von Mohammed und seiner Mission in der Region entstanden war.

Plötzlich schien eine Neuordnung der politischen und religiösen Kräfteverhältnisse möglich, was weder Byzanz noch Ktesiphon ignorieren konnten. Die Juden von Yathrib bildeten schon seit Langem eine einflussreiche und relativ wohlhabende Gruppe der städtischen Bevölkerung, doch in den Jahrzehnten zuvor waren sie mit zwei heidnischen Stämmen in Konflikt geraten, die sich im Laufe des sechsten Jahrhunderts in Yathrib angesiedelt hatten: die mächtigen Chazradsch und die Aus, deren Beziehung zu den Juden in jener Zeit für den Charakter und den Schauplatz von Mohammeds Mission weitreichende Folgen hatte.

Die Chazradsch und der rivalisierende, jedoch kleinere Stamm der Aus waren zwar immer noch überwiegend heidnisch, aber die Religion der Gläubigen in Mekka gewann allmählich auch unter ihnen Anhänger. Die beiden Stämme hatten den unteren Teil der Oase in Besitz genommen, die Juden dagegen, die schon sehr viel länger in Yathrib ansässig waren, die fruchtbarere Oberstadt. Diese ungleiche Verteilung der landwirtschaftlichen Ressourcen führte zu Feindseligkeiten und Spannungen, die sich um 617 in der Schlacht von Buʿāth entluden.[5] In dieser Schlacht kämpften die Aus, die mit dem größeren heidnischen Stamm der Chazradsch im Streit lagen, aufseiten der Juden. In den Jahren danach gewann die Botschaft von Mohammeds Gläubigen immer mehr Anhänger unter den Heiden und nirgendwo mehr als unter den unruhigen und unzufriedenen Chazradsch. Die in Yathrib neu gewonnenen Gläubigen werden in späteren muslimischen Quellen als «Helfer», *ansār*, bezeichnet. Im Juni 622 trafen sich rund siebzig von ihnen auf ihrer Pilgerreise nach Mekka mit Mohammed in ʿAqaba bei Mekka, um dem Propheten den Vorschlag zu machen, mit seinen Gläubigen zu den *ansār* nach Yathrib auszuwandern.

Dieser Einladung folgte Mohammed, noch bevor das Jahr zu Ende war. Seine folgenschwere Hidschra 622 markiert den Beginn der islamischen Zeitrechnung und leitete in den Offenbarungen des Propheten eine neue Phase ein, in deren Verlauf die Suren noch länger wurden. Yathrib hieß fortan einfach nur Medina («Stadt»), und die hier geoffenbarten Teile des Korans wurden als die medinensischen Suren bekannt. Wie es den Chazradsch gelang, die Einladung an Mohammed in die Wege zu leiten und die Aufnahme seiner Anhänger in einer Stadt mit einer großen jüdischen Bevölkerung zu organisieren, die sich kurz zuvor mit den Aus verbündet hatte, bleibt bis heute ein Rätsel, ist aber historisch so gut wie gesichert. Wie es Medina gelang, sich auf die neu zugewanderte Gruppe der Gläubigen einzustellen, liegt gleichermaßen im Dunkeln, doch es funktionierte offenbar.

Außer Zweifel steht, dass es in Medina schon bald zu einer Verschmelzung von Juden, heidnischen Chazradsch, heidnischen Aus und mekkanischen Gläubigen kam, offenbar ohne jeden Widerstand. Der unverkennbare Beweis für diese Verschmelzung ist in dem berühmten Dokument zu finden, in dem die Rechte und Privilegien der neu gebildeten Gemeinschaft (*ʿumma*) niedergelegt wurden und das oft als Verfassung von Medina bezeichnet wird. Wenn es ein zu Lebzeiten des Propheten entstandenes Schriftdokument gibt, das von nahezu allen Forschern als authentisch anerkannt wird, so ist es dieser Text.[6] Die Sprache unterscheidet sich so deutlich von derjenigen der späteren Texte, in die er in der Überlieferung eingebettet ist, dass seine Authentizität inmitten der vielen Anlagerungen, in denen er überdauert hat, strahlend hervorscheint. Der Text formuliert die Rechte und Privilegien für die Juden der Stadt, für die Chazradsch, die Aus und ein paar weitere Gruppen, die in Medina lebten. Die im Zuge einer verfassungsmäßigen Übereinkunft erzielte Neuorganisation des Gemeinwesens nach der Hidschra ist nicht denkbar ohne den Konsens der Chazradsch mit den Juden und insbesondere mit jenen jüdischen Stämmen (den Naḍīr und den Quraiẓa), mit denen sich die Aus in der Schlacht von Buʿāth fünf Jahre zuvor verbündet hatten.

Die erstaunliche Vereinbarung, die das *ʿumma*-Dokument darstellt, weist auf eine vergleichbare Übereinkunft hin, die den ganzen Auswanderungsprozess der Gläubigen und deren Ankunft in Yathrib überhaupt erst in Gang gebracht hatte. Den Chazradsch, den Aus und den Juden muss im Jahr 622 klar gewesen sein, dass Mohammed in Mekka in Schwierigkeiten steckte. Weniger klar jedoch ist, warum sich die Juden, aber auch die heidnischen Chazradsch und Aus, mit den gläubigen *anṣār* zusammentaten, um Mohammed in ihre Stadt einzuladen.

Michael Lecker hat für diese Frage eine ebenso kühne wie einleuchtende Lösung vorgeschlagen.[7] Sie ist sehr wahrscheinlich richtig, da sie sowohl die Eigeninteressen und die politische Diplomatie der verschiedenen Gruppen berücksichtigt, die das Dokument unterzeichneten, als auch die religiösen und tribalen Loyalitäten, die sich aus einer Byzanz und Persien einbeziehenden internationalen Perspektive ergeben. Das Missing Link, das Lecker ins Spiel bringt, um alle Elemente zu einer schlüssigen Erklärung für die Hidschra zusammenzufügen, sind die arabischen Klienten von Byzanz – die Dschafniden-Dynastie des

Stammesverbandes der Ghassāniden. Diese Araber hatten für den Kaiser in Konstantinopel dieselbe Funktion wie die Nasriden-Dynastie der Lachmiden in al-Hīra für den Schah in Ktesiphon. Da Byzanz und Persien in der Vergangenheit ihren Einfluss in Arabien durch regionale Klienten ausgeübt hatten, ist es sinnvoll, auch bei den folgenschweren Ereignissen des Jahres 622 Kräfte außerhalb Arabiens zu suchen, die möglicherweise intervenierten.

Lecker beginnt mit dem Hinweis auf eine bemerkenswerte Koinzidenz, die so naheliegt, dass man sich wundert, warum sie der Aufmerksamkeit der meisten Historiker zur Hidschra bisher entgangen ist. Das Jahr der Hidschra, 622, war genau das Jahr, in dem der byzantinische Kaiser Heraklius seinen militärischen Angriff gegen das Perserreich begann – eine Operation, die nach mehreren weiteren Feldzügen (unter anderem gegen die Awaren) mit einem kühnen Vorstoß tief ins mesopotamische Kernland des Persischen Reiches im Jahr 628 endete. Heraklius' gewagter und brillanter Schritt war der Anfang vom Ende Schah Chosraus und des Sassanidenreichs, das vier Jahrhunderte zuvor entstanden war. Ein Zusammenhang zwischen der Hidschra Mohammeds und dem Beginn der großen Offensive von Heraklius im selben Jahr drängt sich geradezu auf. Mit den Ghassāniden an seiner Seite könnte Heraklius, der ein außergewöhnlich kluger Stratege war, eine Gelegenheit erkannt haben, den persischen Feind an seiner arabischen Flanke zu schwächen.

Heraklius muss aus der arabischen Geschichte des sechsten Jahrhunderts gewusst haben, dass seine persischen Gegenspieler die Juden unterstützten, so wie die Byzantiner die Christen unterstützten. Und es war kein Geheimnis, dass die jüdische Gemeinde Medinas zu den bedeutendsten Nordwestarabiens zählte. Die Stadt lag nicht weit von den berühmten Palmenhainen entfernt, die Justinians palästinensischer Phylarch Abū Karib dem Kaiser geschenkt hatte. Diese Palmenhaine waren zwar nicht von großem Wert, aber sie bildeten ein Territorium zwischen Palästina und dem Hedschas[8] und waren damit für den byzantinischen Einfluss in der Region von Bedeutung. Im frühen siebten Jahrhundert kann Heraklius nicht entgangen sein, was in Mekka und Axum mit den Offenbarungen an Mohammed und dem Auftauchen der *ansār* in Medina vor sich gegangen war. In der jüdischen Bevölkerung der Stadt muss er eine politische Ressource erkannt haben, die die Perser gegen die byzantinischen Christen einsetzen konnten. Schließlich hatten sie bei ihrer Eroberung Jerusalems im Jahr 614 genau dies getan, als sie den Juden ihre Hilfe anboten, um die Christen zu vertreiben und deren Kultobjekte zu entfernen.

Als Heraklius im Jahr 622 seine Offensive gegen die Perser plante, hatte er allen Grund, dafür zu sorgen, dass die Perser im Hedschas nicht dieselben Probleme machten wie in Palästina. Es war daher nur folgerichtig, dass er sich Hilfe suchend an seine ghassānidischen Klienten wandte. Michael Lecker zufolge waren diese Klienten durchaus in der Lage, auf die Chazradsch und die Juden Einfluss auszuüben. Er konnte zeigen, dass Ghassāniden in Gruppen vertreten waren, die in der Verfassung von Medina genannt werden, und zwar sowohl unter den Chazradsch als auch unter den Juden. Dieses Bindeglied quer durch die verschiedenen Stämme und Religionen erklärt die ansonsten rätselhaft bleibende Zusammenarbeit zwischen Heiden, *ansār* und Juden, die einander kurz zuvor noch bekämpft hatten: bei der Einladung Mohammeds in ihre Stadt ebenso wie bei der Eingliederung der Gläubigen in die Gemeinschaft Medinas.

Weder Lecker noch sonst jemand wird ohne phantasievolle Ausschmückungen darlegen können, welche Streitpunkte in den

Verhandlungen auftauchten, in deren Verlauf sich die verschiedenen Gruppen darauf einigten, die Gläubigen erst nach Medina einzuladen und dann eine Verfassung oder Gemeindeordnung zu formulieren. Doch die Präsenz von Ghassāniden in sehr unterschiedlichen ethnischen und religiösen Gruppen der Stadt muss die Entstehung eines neuen, breit gefächerten politischen Gemeinwesens im Rahmen der byzantinisch-persischen Auseinandersetzung befördert haben. Wenn Heraklius seine ghassānidischen Klienten tatsächlich dazu veranlasst hatte, auf dem Weg über gut positionierte Personen in Medina zu vermitteln, könnte dies dazu beigetragen haben, einer lange geteilten Stadt Einheit zu bringen und gleichzeitig die Feindseligkeiten zu mildern, die Mekka zu jener Zeit zu schaffen machten. Aus Heraklius' Sicht konnte damit das wichtige Ziel erreicht werden, die Juden gegen persische Versuche einer Vereinnahmung zu immunisieren. Insbesondere aber konnte er dann seine Offensive gegen Chosrau genau in dem Moment führen, in dem Mohammed und seine Gläubigen in eine neue Heimat aufbrachen.

Allerdings rechnete Mohammed in den Jahren, bevor Heraklius 628 seinen entscheidenden Vorstoß gegen Mesopotamien unternahm, in der relativen Sicherheit seiner neuen Basis in Medina mit seinen mekkanischen Gegnern ab. Kurz nach seinem Auszug in die große Oase nördlich seiner Heimatstadt hatten einige seiner ausgewanderten Anhänger in Nakhla eine Karawane auf dem Weg nach Mekka überfallen: in einem heiligen Monat, in dem Gewalt verboten war. 624 glückte ein Angriff auf die mekkanische Begleitung einer Karawane in Badr. Im Jahr darauf rächten sich die Mekkaner mit einem Angriff auf Medina zu einem Zeitpunkt, da sich Mohammeds Beziehungen zur jüdischen Bevölkerung der Stadt verschlechterten, weil der Verdacht aufgekommen war, der Nadīr-Clan stehe mit den feindlichen

Mekkanern im Bund, um ihn zu töten. In der Folge siedelten viele Juden aus diesem Clan von Medina in die Oase Khaibar weiter nördlich um.

Die Verschlechterung der Situation von Mohammeds Anhängern in Medina brachte die mekkanische Opposition dazu, Medina zu belagern. Zu ihrem Schutz hoben die Gläubigen einen Graben (*ukhdūd*) aus, der in der muslimischen Tradition als Schauplatz eines mekkanischen Rückzugs legendär wurde und an den in Koransure 85 erinnert wird. Diesen Erfolg nutzend, richtete Mohammed seinen Zorn und den seiner Gefolgsleute gegen einen anderen jüdischen Stamm, die Quraiza, die, wie er glaubte, mit den Mekkanern in Kontakt standen. Nach einem vergeblichen Versuch im Jahr 628, in Mekka die kleine Wallfahrt (*ʿumra*) zu vollziehen, erreichten Mohammed und seine Anhänger in Hudaibiya außerhalb von Mekka eine Vereinbarung.[9] Demnach sollte die *ʿumra* im Jahr darauf genehmigt und ein zehnjähriger Waffenstillstand eingehalten werden.

Die Historiker sind sich darüber einig, dass die Vereinbarung von Hudaibiya Mohammed den entscheidenden Vorteil verschaffte: nicht nur, um die Juden zu vertreiben, die sich nach Khaibar zurückgezogen hatten, sondern auch, um im Jahr 630 mit einer Streitmacht gegen die Quraisch in Mekka zu ziehen. Damit war der Widerstand der Quraisch beendet, die jetzt den neuen Glauben annahmen. Wichtiger noch: Mohammed konnte seine Heimatstadt von den noch verbliebenen heidnischen Spuren reinigen. Dies tat er, indem er die heidnischen Bilder aus der Kaaba entfernte und einen monotheistischen Ursprung des Schreins behauptete, wie er in der Geschichte bewahrt ist, der zufolge Abraham ihn errichtete. Das Jahr 630 war für den weiteren Werdegang des Propheten und für den Aufstieg des Islams von entscheidender Bedeutung. Mohammed war jetzt stark genug, um sich den Stämmen entgegenzustellen, die ihm außerhalb von Mekka immer noch Widerstand leisteten, besonders in Tā'if im Süden. Die Stadt ergab sich nach einer Belagerung. Nur zwei Jahre später aber war der Prophet tot.

Wie viele große Führer und Visionäre hatte Mohammed wenig getan, um sich auf den Augenblick vorzubereiten, in dem er nicht mehr da sein würde, um seine Anhänger zu leiten und zu inspirieren. Die Bewegung, die er gegründet hatte, war an einem gefährlichen Punkt angelangt, weil viele von denen, die ihn unterstützt hatten, jetzt seine Nachfolge antreten wollten. Es dauerte fast drei Jahrzehnte, bis 661 die Umayyaden-Dynastie in Damaskus das islamische Reich unter ihre Kontrolle brachte. Diese drei Jahrzehnte bildeten die Endphase im Entstehungsprozess des Islams, wie wir ihn heute kennen. Es war auch die Zeit der größten Ungewissheit, was die Zukunft von Mohammeds prophetischer Mission betraf.

7

Das Interregnum der vier Kalifen

Mohammeds Tod im Jahr 632 hatte eine plötzliche und gefährliche Instabilität der islamischen Führungsstrukturen zur Folge, die sich nach den Eroberungszügen des Propheten in dessen letzten Lebensjahren herausgebildet hatten. In der muslimischen Tradition gibt es Berichte, er habe seine Armeen noch ein, zwei Jahre nach dem kanonischen Zeitpunkt seines Todes in die Schlacht geführt, doch die Versuche, Anhaltspunkte für ein Leben Mohammeds über das Jahr 632 hinaus zu finden, konnten die meisten Historiker nicht überzeugen.[1] Mohammed hatte keinen Nachfolger bestimmt, aber seine Anhänger kamen überein, Abū Bakr, seinen wichtigsten Mitstreiter, zum Führer der Gläubigen (*amīr al-mu'minim*) zu ernennen. Er überlebte den Propheten nur um zwei Jahre, aber es war die Zeit der sogenannten Apostasie- oder Ridda-Kriege, die nach Mohammeds Tod in einer Phase der Unsicherheit geführt wurden. Es sei daran erinnert, dass rivalisierende monotheistische Propheten, die ihn schon zu seinen Lebzeiten herausgefordert hatten, allen voran Musailima, in jener ungewissen Zeit zunehmend aktiv wurden und mit ihren Rückzugsgefechten im zentralarabischen Yamāma, aber auch im Jemen eine Bedrohung darstellten, der

Abū Bakr entgegentreten musste. Die Vormachtstellung der Gläubigen als alleinige Hüter des arabischen Monotheismus war in diesem Augenblick keineswegs gesichert.

Doch am Ende der *ridda* des Jahres 633 eröffnete Abū Bakr militärische Fronten auf beiden Seiten des Jordantals: eine unter Führung von ʿAmr ibn al-Ās in Palästina durch den Negev in Richtung Gaza und eine zweite im zentralen und nördlichen Transjordanien. Gleichzeitig schickte er seinen General Khālid ibn al-Walīd gegen die Sassaniden in den südlichen Irak. Dass kurz nach Mohammeds Tod sein Nachfolger diese drei Militäroperationen begann, spiegelt die Notwendigkeit wider, den Anhängern des Propheten jene Territorien zu sichern, die Byzanz im Westen und Persien im Osten unter ihrer Kontrolle hatten. Abū Bakr starb 634 nach nur zwei Jahren als der erste von vier medinensischen Führern, die in der Tradition seither als Kalifen oder Nachfolger (*khalīfa*) betrachtet werden. Es fiel Abū Bakr und den nachfolgenden drei Kalifen zu, nach dem Tod des Propheten Anspruch auf Syrien, Palästina und den Irak, aber auch auf Ägypten und Libyen zu erheben, bevor 661 die Umayyaden-Dynastie in Damaskus gegründet wurde.

Es gibt zwar extrem wenige zeitgenössische Quellen, aber zwei Texte aus den Jahren unmittelbar nach Mohammeds Tod bestätigen die Eroberungszüge seiner Nachfolger. Beide Quellen nehmen auf Ereignisse des Jahres 634 Bezug und können nicht sehr viel später entstanden sein: eine in Syrisch, die sich auf die «Araber Muhammads» bezieht, und eine griechische, in der von dem Propheten die Rede ist, der «mit den Sarazenen kommt».[2] Diese knappen Anspielungen könnte man zwar als Hinweis darauf betrachten, dass Mohammed 634 noch lebte und seine Streitmacht selbst befehligte, aber die naheliegende und weithin anerkannte Lesart lautet, dass der Prophet eine so inspirierende

Kraft dieser Invasionen war, dass der syrische und der griechische Verfasser ihn beschrieben, als wäre er noch am Leben. Die Dokumente sind immerhin ein zeitnahes Zeugnis für Mohammeds historische Existenz, die, wie so vieles andere aus der Geschichte jener Zeit, infrage gestellt wurde.

Abū Bakr und seine Nachfolger führten diese Eroberungszüge in einem relativ kurzen Zeitraum und auf eine Art und Weise, dass es im Alltagsleben der Region kaum zu Umbrüchen kam. Archäologische Forschungen der letzten Jahre haben gezeigt, dass es nicht nur, was man schon immer wusste, eine außergewöhnlich schnelle und manchmal unsichtbare, sondern vor allem eine gewaltlose Eroberung war. Wie Gideon Avni geschrieben hat, ist «die Kluft zwischen den historischen Narrativen und den archäologischen Befunden verblüffend». Innerhalb von zwei Jahren eroberte Abū Bakr nicht nur ausgedehnte Landstriche mit Städten, Kirchen, Synagogen und heidnischen Schreinen; mit drei bedeutenden Leistungen schuf er auch das Modell für die ihm nachfolgenden Kalifen: Er schaltete die zahlreichen anderen Propheten aus, die Mohammed zu dessen Lebzeiten herausgefordert hatten; er machte Byzanz die Herrschaft über Palästina und Syrien streitig und Persien die Herrschaft über den Irak. Seine militärischen Erfolge errang er im Zuge von Invasionen, die, zumindest für die alteingesessene Bevölkerung, kaum eine Veränderung ihres bisherigen Alltagslebens bedeuteten. Die wichtigste Neuerung für die Bewohner der eroberten Territorien war die «Kopfsteuer» (*dschizya*), die hauptsächlich der Bezahlung der Soldaten diente, sowie eine Grundbesitzsteuer (*charadsch*).[3]

Ansonsten veränderte sich in jenen ersten Jahren der Eroberung weder das wirtschaftliche Bild noch das äußere Erscheinungsbild der Region. So wurden zum Beispiel keine neuen

Münzen eingeführt. Kirchen, Synagogen und heidnische Schreine blieben, wie sie vorher gewesen waren, ebenso die sichtbaren Zeichen ihres Kultes: Mosaiken, Gemälde, Skulpturen und Bauwerke. Einige Kirchen, wie etwa zwei im jordanischen Rihab um 635, wurden sogar noch während der Eroberungen neu erbaut oder restauriert.[4] In den Kirchen von Khirbet al-Samrā wurden in den Jahren 635 und 640 neue Mosaikfußböden gelegt. Die islamischen Eroberungen waren also in keiner Weise zerstörerisch, sondern passten sich in den Gebieten, in denen die Muslime die Macht übernahmen, der bestehenden Kultur und Religion weitgehend an.

Unter dem zweiten Kalifen ʿUmar ibn al-Khattāb jedoch errang das muslimische Heer 636 in der Schlacht am Yarmuk, einem Fluss im südlichen Syrien, einen entscheidenden Sieg gegen die Streitmacht von Heraklius. Damit konnten sich die Muslime, wie man die Eroberer jetzt zu Recht nennen kann, dem Aufbau einer politischen Verwaltung im südlichen Palästina und in Ägypten an der westlichen Flanke sowie im sassanidischen Irak an der östlichen Flanke zuwenden. Sophronius, der Patriarch von Jerusalem, verfolgte den Vorstoß von ʿUmars Armee nach Bethlehem mit Sorge, aber ohne Angst. In einer der bemerkenswertesten und bezeichnendsten Episoden der frühislamischen Geschichte empfing er ʿUmar bei dessen Ankunft in Jerusalem im Jahr 638 persönlich. Aktiver Widerstand gegen die Invasoren kam relativ selten vor, außer in Caesarea Maritima, das sieben Jahre lang immer wieder neuen Belagerungen standhielt. Dabei soll es auch Tote gegeben haben, deren Zahl der christliche Geschichtsschreiber Theophanes im neunten Jahrhundert jedoch aller Wahrscheinlichkeit nach übertrieb.[5]

Verglichen mit der großen Schlacht am Yarmuk zwei Jahre zuvor erfolgte die muslimische Einnahme Jerusalems im Zuge einer diplomatischen Übereinkunft und ohne jedes Blutvergießen. Dies war das Verdienst von Sophronius und ʿUmar. Die Übergabe der Stadt im Jahr 638 vollzog sich völlig anders als die Kapitulation vierundzwanzig Jahre zuvor, als die Stadt durch einen bewaffneten Angriff der Perser unter Mitwirkung der jüdischen Bewohner eingenommen wurde. Der Patriarch und der Kalif müssen die Wirkung auf ihre jeweilige Klientel – die byzantinischen Christen und die eindringenden Muslime – sehr genau kalkuliert haben. Nach der persischen Einnahme der Stadt im Jahr 614 waren die Christen ihres Besitzes beraubt und die Relikte des Heiligen Kreuzes nach Bagdad gebracht worden. 638 aber waren die Christen, dank Heraklius, wieder zurückgekehrt, und es scheint klar, dass ʿUmar kein Interesse daran hatte, sie ein zweites Mal zu vertreiben. Sophronius wiederum hatte nicht das geringste Interesse an einem Ausschluss der Muslime. Er erklärte sich bereit, den Arabern in dem Territorium Immunität zuzusichern, doch die Juden, deren Kollaboration mit den Persern nur allzu bekannt war, sollten ausgeklammert bleiben. Christen und Muslimen war offenbar mehr daran gelegen, eine friedliche Machtübergabe auszuhandeln, als eine Konfrontation heraufzubeschwören.

Nicht lange nach dem Debakel am Yarmuk war es der Wunsch sowohl der palästinensischen Christen als auch der Muslime, die bestehenden Verwaltungsstrukturen der Region mit nur geringfügigen Veränderungen beizubehalten, damit das Leben weiter seinen gewohnten Gang gehen konnte. Der tiefer liegende Grund dafür lag wohl darin, dass beide Seiten strenge Monotheisten waren und Jerusalem als die Heilige Stadt, al-Quds, anerkannten. Der Ausschluss der Juden, des anderen monotheistischen «Volkes des Buches» (der Buchbesitzer), wie der Koran sie nennt, lag zweifellos in ihrer jahrhundertelangen Allianz mit den Persern begründet, tat jedoch in den Augen der Muslime der Heiligkeit Jerusalems keinen Abbruch. Anfangs wandten sie sich bei ihren Gebeten nach Jerusalem. Später wurde in Richtung Mekka gebetet, allerdings erst nach einer Übergangsphase, in der es in einigen Moscheen zwei Gebetsnischen (*qiblatain*) gab, eine nach Jerusalem, die andere nach Mekka ausgerichtet. Gelegentlich wurden auch Kirchen für muslimische Gottesdienste genutzt.[6] Dass Sophronius sich über die arabische Einnahme Bethlehems nicht beunruhigt zeigte, weist bereits auf die diplomatische Vereinbarung bei ʿUmars Einzug in Jerusalem voraus.

Die früheste erhaltene Schilderung von ʿUmars Ankunft in der Stadt ist nachweislich am stärksten voreingenommen und am wenigsten verlässlich. Sie findet sich in der *Chronographia* des christlich-griechischen Geschichtsschreibers Theophanes dem Bekenner aus dem neunten Jahrhundert und spricht für eine spätere, stark christlich geprägte Verurteilung der muslimischen Präsenz in Jerusalem.[7] Darin wird der Kalif als ein Barbar beschrieben, der schmutzige Kleider trägt und erst dann bereit ist, sie gegen saubere zu tauschen, als man ihm versichert, er werde seine eigenen zurückerhalten, sobald sie gewaschen sind. Theophanes unterstreicht ʿUmars Wunsch, am Ort des einstigen jüdischen Tempels zu beten: ein weiteres Beispiel für seine Barbarei. Als Sophronius von ʿUmars Plan eines Moscheebaus am einstigen Ort des Tempels gehört habe, so berichtet Theophanes, soll er ausgerufen haben, dies sei wahrhaft ein «Gräuel der Verwüstung». Dies waren die apokalyptischen Worte des Propheten Daniel, die Jesus dem Matthäus- und Markusevangelium zufolge in Anspielung auf die kommende Zerstörung des Tempels benutzt haben soll.[8]

Arabische und syrische Quellen, obwohl späteren Datums als

Theophanes, enthalten ihrerseits Berichte über die Geschehnisse, die sehr viel älter sind und inhaltlich anders als das, was Theophanes in seiner griechischen Geschichte erzählt.[9] Sie zeichnen übereinstimmend das Bild ʿUmars als eines Mannes, dessen schlichte Kleidung Ausdruck seines bescheidenen Charakters ist. Maria Conterno konnte durch minutiösen Quellenvergleich nachweisen, dass diese unvoreingenommene Schilderung von ʿUmars Ankunft in Jerusalem aller Wahrscheinlichkeit nach im Zusammenhang mit Berichten steht, die entweder gleichzeitig mit den Ereignissen entstanden oder kurz danach zirkulierten und in der Folge in griechischer Sprache schriftlich fixiert wurden, bevor sie in syrische und arabische Traditionen Eingang fanden. Conterno hat überzeugend den oft wiederholten wissenschaftlichen Konsens widerlegt, arabische und syrische Narrative seien irgendwann in eine heute verloren gegangene griechische Geschichte aufgenommen worden, die man Theophilus von Edessa zuschrieb.[10] Der griechische Ursprung der späteren semitischen Narrative ermöglicht es uns, den Ereignissen, die Theophanes für seine christlichen Leser adaptierte, genauer auf den Grund zu gehen. In diesen Quellen wird ein Bild der Geschehnisse in Jerusalem gezeichnet, das mit den archäologischen Erkenntnissen zum muslimischen Vorstoß nach Palästina in Einklang steht. Dieser Vorstoß verlief auf friedlichem und diplomatischem Weg. Conterno hat in das Gewirr von griechisch-, syrisch- und arabischsprachigen Quellen Ordnung gebracht und damit unser Verständnis davon erleichtert, was in Jerusalem im Jahr 638, nur sechs Jahre nach dem Tod des Propheten, geschehen ist.

Nach der muslimischen Einnahme Jerusalems führte General ʿAmr ibn al-Ās seine Streitmacht von Palästina nach Ägypten und eroberte Alexandria, das die Byzantiner später vergeblich zurückzuerobern versuchten. Er begründete die muslimische

Niederlassung im ägyptischen Fustat südlich von Kairo unweit der ehemaligen byzantinischen Garnison am Nil im ägyptischen Babylon. Was in Ägypten unter ʿUmar geschah, war im Wesentlichen eine Fortsetzung der weitgehend gewaltlosen Eroberung Syriens und Palästinas. Das Leben ging auch hier mehr oder weniger weiter seinen gewohnten Gang. Neuere Forschungsergebnisse zeigen, dass die Verwendung von Papyri für Dokumente und Verträge in Ägypten erstmals nach der Ankunft der Muslime begann, auf jeden Fall im Jahr 642, welches die früheste Datierung von Papyri nach der Eroberung darstellt. Anfangs waren Sprache und Schrift griechisch, doch ein Jahr später taucht in einem berühmten zweisprachigen Papyrus auch das Arabische auf.[11] Es handelt sich um eine in Griechisch und Arabisch geschriebene Empfangsquittung für Schafe aus einem, wie ein Kreuz bekundet, unverkennbar christlich geprägten Milieu. Doch neben der christlich-griechischen Formel «im Namen Gottes» findet sich auch die islamische *bismillah* («im Namen Gottes, des barmherzigen Erbarmers») in arabischer Sprache und Schrift. Die Texte stammen von einem versierten Schreiber und lassen darauf schließen, dass beide Sprachen in der Region bereits vorher für dokumentarische Zwecke benutzt wurden.

Das vielleicht Auffälligste an diesem zweisprachigen Papyrus von 643 ist das Wort, das die Eroberer bezeichnet: *magaritai*, das auch im Syrischen als *mhagrayê* auftaucht. Dabei handelt es sich lediglich um griechische und syrische Formen des arabischen *muhādschirūn*, das heißt diejenigen, die die Hidschra unternommen haben. Da Mohammeds Anhänger die Hidschra mehr als zwanzig Jahre zuvor unternommen hatten, als sie von Mekka nach Medina gingen, belegt dieses Wort in den neu eroberten Gebieten, dass es seine ursprüngliche Bedeutung verloren hatte und jetzt allein zur Bezeichnung der neu angekommenen Araber diente. Vermutlich nannten sie sich selbst so, und ihre neuen Nachbarn übernahmen den Begriff.

Im Jahr 644 wurde ʿUmar in Medina von einem illoyalen Sklaven niedergestochen, und damit änderte sich die Interimsführung, die beim Tod des Propheten bestimmt worden war. Bevor er starb, berief ʿUmar ein kleines Beratungsgremium (eine *schūra*) ein, das über seine Nachfolge entscheiden sollte. Die Wahl fiel auf ein einflussreiches Mitglied der Umayyaden, das mit zwei von Mohammeds Töchtern verheiratet war: ʿUthman ibn ʾAffān. Dass er der nächste Kalif wurde, nahm die Dynastie seines Clans vorweg, die unter Muʿāwiya im Jahr 661, am Ende des medinensischen Interregnums, Gestalt annehmen sollte.

ʿUthmān ist vor allem als der Kalif bekannt, der eine kanonische Koranfassung, eine Vulgata, in Angriff nahm, um dem Wort Gottes feste Gestalt zu verleihen. Die Texte, die für die Rezitation oder Lektüre benutzt wurden, waren nicht immer und überall dieselben, und dies galt – und gilt bis heute – als eine inakzeptable Ungenauigkeit im Wortlaut der göttlichen Offenbarung. ʿUthmāns Befehl, vorhandene Texte zu sammeln und zu vergleichen, hatte das Ziel, eine verbindliche und einheitliche Fassung zu erstellen und Abschriften davon anzufertigen (verschiedenen Berichten zufolge zwischen vier und sieben), die in die Hauptstädte des islamischen Reiches geschickt werden sollten. Dies zeigt das Bedürfnis der neuen Religion nach einem heiligen Buch, das über jeden Zweifel erhaben war. Es gelang jedoch nicht, frühere Koranexemplare zu vernichten. Palimpseste, die in der Großen Moschee von Sanaa entdeckt wurden, beweisen, dass tatsächlich Texte aufbewahrt wurden, die älter waren als ʿUthmāns Vulgata. Folglich geht die Debatte über den Charakter, ja sogar die Existenz der von ʿUthmān in Auftrag gegebenen Kodizes weiter, und natürlich ist klar, dass ein kanonischer Text erst allmählich entstand.[12] Die ältesten dokumentierten Koranzitate sind die Inschriften des Felsendoms von Jerusalem aus dem Jahr 691, und wir wissen schon seit Langem, dass einige Teile davon Paraphrasen der kanonischen Lesart mit Einfügungen sind: «Die Inschriften der Umayyadenmoschee [im Felsendom] beinhalten Auszüge aus dem Heiligen Koran mit Einschüben vieler frommer Wendungen, Bitten und Bemerkungen zum ursprünglichen Bauwerk.»[13] Was ʿUthmān tat, mag zur Entstehung des Korans beigetragen haben, wie wir ihn heute kennen, doch das bedeutet weder, dass alle älteren Versionen vernichtet wurden, noch dass damit sofort ein alleingültiger und kanonischer Koran etabliert war.

ʿUthmāns Laufbahn wurde im Jahr 656 abrupt beendet. Seine Mörder waren aus oppositionellen Gruppen im ägyptischen Fustat und im irakischen Basra und Kūfa zu seinem Haus in Medina gekommen. Das Auftauchen dieser Dissidenten aus dem Westen und Osten des muslimischen Kernlands hatte offenbar mit dem Einfluss der Quraisch und den wachsenden Ressentiments zu tun, die sie entfachten. Sogar ʿA'ischa, die Witwe des Propheten, brach zu einer Pilgerreise auf, als der Widerstand aufflammte. Offenbar war sie nicht bereit, den in Bedrängnis geratenen Kalifen zu unterstützen. Sein Nachfolger für die nächsten vier Jahre war ʿAlī ibn Abī Tālib, der Cousin und Schwiegersohn Mohammeds, gegen den ʿA'ischa angeblich einen tiefen Groll hegte, weil er viele Jahre zuvor ihre Tugend in Zweifel gezogen hatte. ʿAlī war zwar ein Cousin des Propheten, aber er gehörte nicht den Quraisch an, sondern den Hāschim, und die Quraisch machten sich ʿA'ischas Feindschaft gegen ʿAlī zunutze und bekundeten ihre Missbilligung ʿAlīs dadurch, dass sie Medina verließen und sich ʿA'ischa in Mekka anschlossen; so auch

Marwān, der Anführer von ʿUthmāns Umayyaden. ʿAlī hatte es in Damaskus mit dem mächtigen Muʿawiya zu tun, der seit zwanzig Jahren der umayyadische Gouverneur von Syrien war und Rache an der Ermordung seines Stammesbruders forderte, aber nicht bereit war, ʿAlī zu unterstützen.

In dieser sich rasch zuspitzenden Situation musste ʿAlī mit einer zunehmend militanten Opposition im Irak fertigwerden. Das Kräftegleichgewicht innerhalb der Bewegung, die Mohammed in Mekka und Medina gegründet hatte, verlagerte sich nun mit seinem vierten Nachfolger nach Basra und Kūfa. ʿAʾischa persönlich begab sich zusammen mit ʿAlīs Gegnern in die Region. ʿAlī stellte sich ihnen in einer Schlacht bei Basra entgegen, die nach dem Reittier ʿAʾischas die Kamelschlacht genannt wurde. Auch andere Muslime – die Charidschiten, vom arabischen Verb *charadscha*, «hinausgehen» – schlossen sich dem Aufstand gegen den vierten Kalifen an, der sich inzwischen in Kūfa eingerichtet hatte. Damit war die Vorrangstellung Mekkas und Medinas als arabische Machtzentren der Nachfolger Mohammeds definitiv zu Ende. ʿAlī gelang es nicht, Muʿāwiyas Machenschaften in Damaskus zu unterbinden, und nach mehreren Gefechten bei Raqqa am Westufer des Euphrat wurde er dazu bewogen, mit Muʿāwiyas Leuten in Udhruh unweit von Petra zu verhandeln, ein diplomatisches Treffen, das zu Recht als eine Farce bezeichnet wurde.[14] Den vergifteten Säbel, der ʿAlī in Kūfa im Januar 661 in die Stirn traf, führte ein Charidschite, und der Mord beendete eine Auseinandersetzung, die als der erste muslimische Bürgerkrieg (*fitna*) betrachtet wird. Er ermöglichte es Muʿāwiya, seine Position in Damaskus als erster Kalif der ersten islamischen Dynastie, der Dynastie der Umayyaden, zu festigen. Doch ʿAlī wurde nach seinem Tod weitaus mächtiger als zu seinen Lebzeiten. Bis heute ist er der meistverehrte Märtyrer jener einflussreichen Gruppe, die sich *schīʿat ʿAlī*, «Partei ʿAlīs», nannte und von den Muslimen schlicht Schiʿa genannt wird.

Die Ende der Ära der vier «rechtgeleiteten Kalifen» markiert die endgültige Verlagerung des Zentrums der islamischen Regierungsmacht von Mekka und Medina zuerst nach Damaskus und im Jahr 750, mit der Herrschaft der Abbasiden, nach Bagdad. An dieser Ära, die mit einem kurzen Bürgerkrieg endete, ist vielleicht am bemerkenswertesten, dass sie für die byzantinische Kultur der Region nahezu folgenlos blieb. Die rechtgeleiteten Kalifen erlegten der Bevölkerung der eroberten Gebiete zwar Steuern auf, mit denen unter anderem die Soldaten entlohnt wurden, zeigten aber kein Interesse daran, den Gebieten, die sie erobert hatten, ihre Sprache, ihre Religion oder ihre Traditionen aufzuzwingen. Kirchen behielten ihre Funktion bei und wurden als heilige Orte betrachtet. Die byzantinischen Münzen blieben in Umlauf, und Verwaltungsdokumente wurden weiterhin in griechischer Sprache verfasst. Neuere archäologische Untersuchungen bestätigen, dass das Auftauchen der Muslime für die einheimische Bevölkerung ohne tiefgreifende Folgen blieb.[15]

8

Eine neue Ordnung

Der erste Kalif der neuen Umayyaden-Dynastie, Muʿāwiya, war während des Interregnums der vier rechtgeleiteten Kalifen, der *rāschidūn,* nach Mohammeds Tod lange Zeit Gouverneur in Damaskus. Sein Entschluss, in Damaskus zu bleiben, nachdem er die Nachfolge ʿAlīs angetreten hatte, war folgenreich, sollte doch die Regierung des islamischen Reiches nie mehr zu dessen Ursprüngen in Mekka oder Medina zurückkehren. Mekka und sein *haram* bewahrten den Status der Heiligkeit, die ihm die Kaaba und der Prophet verliehen hatten, als er diesen uralten Schrein nach einem Brand im frühen siebten Jahrhundert hatte wiederaufbauen lassen. Doch von 661 an – und bis heute – lag das politische Zentrum des Islams stets außerhalb Arabiens, mit Ausnahme des siebenjährigen Bürgerkriegs (*fitna*), den Ibn al-Zubair im Jahr 685 von Mekka und Medina aus gegen ʿAbd al-Malik als Nachfolger im Kalifat begann. Muʿāwiya erbte mit Syrien, Palästina, Irak und Ägypten große Teile des Nahen Ostens, die ehemals zum Byzantinischen oder zum Persischen Reich gehört hatten. Als er jedoch im Jahr 661 das Kalifat antrat, war das persische Sassanidenreich bereits zerschlagen, und das Byzantinische Reich, weithin als das Zweite Rom oder einfach nur als Rom bekannt, war im Osten auf

Kleinasien und Zypern geschrumpft. Das Zentrum dieses Reiches lag nach wie vor in Konstantinopel, wie die Stadt nach dem römischen Kaiser Konstantin genannt wurde, der die Stadt Byzanz zu seiner Hauptresidenz gemacht und ausgebaut hatte, und wie sie auf Griechisch bis auf den heutigen Tag heißt. Die westlichen Territorien des Byzantinischen Reiches in Nordgriechenland und Makedonien waren durch Wanderungsbewegungen aus dem Osten – aus dem Kaukasus und aus den Gebieten nördlich des Schwarzen Meeres – in Richtung Westen permanent bedroht. Für Byzanz, das Zweite Rom, war die Situation von Haus aus instabil, das wusste Muʿāwiya. Diese Instabilität dauerte bis 1453, als die Stadt von den osmanischen Türken erobert wurde und in Moskau ein Drittes Rom entstand.[1]

Muʿāwiyas wichtigstes Ziel als erster Umayyadenkalif war die Eroberung Konstantinopels und die Ausweitung seiner Herrschaft nach Kleinasien, um die ehemals persischen und byzantinischen Gebiete in einem einheitlichen muslimischen Reich zu konsolidieren. Diese Strategie hatte er bereits mit einem Angriff auf Zypern vom Meer aus versucht, als er noch Gouverneur in Damaskus war. Als Kalif forderte er die Byzantiner weiter mit Schiffen heraus und entsandte Truppen auf dem Landweg, die bis nach Chalcedon auf der Ostseite des Bosporus, direkt gegenüber Konstantinopel, gelangten. Er belagerte Konstantinopel, wurde aber von den Byzantinern zurückgeschlagen, die inzwischen über die furchterregende und zerstörerische Waffe des Griechischen Feuers, eine Art Flammenwerfer, verfügten. Besessen von der Idee, den letzten großen Teil des Byzantinischen Reiches seinem eigenen zuzuschlagen, lag Muʿāwiya nicht viel daran, weitreichende Maßnahmen zu ergreifen, um den Lebensrhythmus in den Territorien des Nahen Ostens zu verändern, die er bereits beherrschte.

Wie schon gesagt, haben erst in jüngster Zeit archäologische Untersuchungen gezeigt, dass sich in Palästina, Syrien und Transjordanien das Alltagsleben, darunter auch Religion und Landwirtschaft, zwischen dem Beginn der muslimischen Invasionen und dem Ende von Muʿāwiyas Kalifat kaum veränderte.[2] Ältere und traditionell orientierte neuere Darstellungen haben allzu bereitwillig die triumphalistischen Narrative anerkannt, die von den späteren arabischen Geschichtsschreibern verbreitet wurden und nach denen die Muslime sofort ihre Religion und Verwaltung etablierten. In dramatisch zugespitzten Berichten christlicher Chronisten wiederum, etwa dem von Theophanes dem Bekenner im neunten Jahrhundert, aber auch in späteren Texten, wurde ganz bewusst umgestaltet und uminterpretiert, was in Quellen aus dem siebten und achten Jahrhundert gefunden worden war.[3] Der einzig erhaltene längere historische Text aus dem späten siebten Jahrhundert, die Schilderungen des Armeniers Sebeos (der zu einer Zeit schrieb, als Muʿāwiyas Schiffe sich den Küsten Konstantinopels näherten), liefert keinen Beleg für tiefgreifende soziale oder verwaltungspolitische Veränderungen im Nahen Osten während der stürmischen Jahre, in denen das persische Sassanidenreich unterging. Sebeos nahm großen Anteil an diesen Ereignissen und wusste, dass einige Bevölkerungsgruppen wie die Juden von Edessa vertrieben worden waren. Er wusste sogar, dass diese Juden gelegentlich mit den Arabern gemeinsame Sache machten, allerdings nie für lange Zeit.[4]

Berichte über die siebenjährige arabische Belagerung Caesareas an der Küste Palästinas Mitte des siebten Jahrhunderts mögen die Dauer der Belagerung richtig wiedergeben, doch sie finden in archäologischen Quellen so gut wie keine Bestätigung. Die Belagerung scheint trotz ihrer langen Dauer ohne viel Gewalt in der Stadt beendet worden zu sein, und andere größere

Städte wie Jerusalem, Skythopolis (Bet Scheʿan) und Gerasa weisen gleichfalls keine Spuren von Gewalt oder Zerstörung im siebten Jahrhundert nach Ankunft der Araber auf. Die Invasoren scheinen froh gewesen zu sein, eine gut funktionierende Gesellschaft vorgefunden zu haben, und bedrohten keine der vielen Religionen und heiligen Stätten in der Region. Die Araber waren sichtlich nicht geneigt, das bestehende Gleichgewicht zu zerstören.

Alles deutet darauf hin, dass die Invasoren die vorgefundene soziale Organisation bewahrten. Sie ließen die Kirchen unversehrt oder nutzten sie sogar zum Gebet mit Gläubigen, die Monotheisten waren wie sie selbst. Für den Geschäftsverkehr verwendeten sie, wie die Papyri zeigen, die griechische Sprache, und die von den Byzantinern eingeführten griechischen Münzen wurden weiterbenutzt oder imitiert.[5] Die Prägestätten, in denen die sogenannten arabo-byzantinischen Münzen geprägt wurden, sind weitgehend unbekannt, erst im späteren siebten Jahrhundert tauchten die ersten zweisprachigen arabischen Münzen mit Inschriften auf Griechisch *und* Arabisch auf. Dass erst unter Muʿāwiya allmählich das Arabische in Gebrauch kam, ist gleichfalls ein Beleg dafür, dass die Muslime die soziale Ordnung beibehielten, als sie die Kontrolle übernahmen. Erst der Zusammenbruch der Regierung in Damaskus nach Muʿāwiyas Tod beschleunigte den administrativen und sozialen Wandel, allerdings um den Preis eines zweiten Bürgerkriegs (*fitna*), der die erbitterten Feindseligkeiten des ersten Bürgerkriegs neu entfachte, an dessen Ende Muʿāwiya ʿAlī nachgefolgt war und die Dynastie der Umayyaden gegründet hatte.

Bevor Muʿāwiya im Jahr 680 starb, bestimmte er seinen Sohn Yazid zum nächsten Kalifen, doch nach kaum drei Jahren starb auch Yazid, und an seine Stelle trat der Umayyade Marwān ibn al-Hakam, dessen Aufstieg ein älteres und angesehenes Mitglied der Quraisch, ʿAbdallah ibn al-Zubair, dazu veranlasste, seinerseits Anspruch auf das Kalifat zu erheben. Er hatte den Propheten persönlich gekannt, war einer seiner Gefährten gewesen und, wie Mohammed, ein Quraisch. In einem Akt von großer Symbolkraft wählte er Mekka zu seiner Residenz, womit er nicht nur an den Gründer des Islams anknüpfen, sondern auch die Kontrolle über die Pilgerströme gewinnen konnte, die die heilige Stätte der Kaaba besuchten. Als Marwān wenig später starb, sah sich sein Sohn und designierter Nachfolger ʿAbd al-Malik mit einem Gegenkalifen in Gestalt von Ibn al-Zubair konfrontiert, dessen Legitimität zwar in der nachfolgenden muslimischen Tradition angezweifelt, damals aber weithin anerkannt wurde.[6]

Dieser zweite Bürgerkrieg der frühen islamischen Geschichte hinterließ bleibende Wunden, da die aufständische Sekte der Charidschiten, die sich von den Anhängern ʿAlis abgespaltet hatten, an Stärke gewann. Sie pflegten einen frommen, um nicht zu sagen frömmelnden Stil der Koranverehrung, der sie in Widerspruch zum Umayyadenkalifat in Damaskus, aber auch zu den Anhängern ʿAlīs brachte. Sie hatten der Partei ʿAlīs (der *schiʿat* ʿAlī) abgeschworen, deren Anhänger als Schiiten bekannt sind. Dies geschah zur selben Zeit, als die Anhänger Muʿāwiyas, die sich gegen ʿAlī und seine Partei gestellt hatten, ihrerseits den Anspruch erhoben, treue Hüter der muslimischen Praxis (*sunna*) des Propheten zu sein. Sie bezeichneten sich als Sunni (oder Sunniten) und bildeten eine weitere einflussreiche Gruppe, die aus dem Aufstand der Charidschiten hervorging. Der zweite Bürgerkrieg, dessen Parteien aus den Auseinandersetzungen des ersten Bürgerkriegs hervorgegangen waren, schuf die Bruchlinien zwischen den einander unversöhnlich gegenüberstehenden Gruppen der Schiiten und Sunniten, deren Feindseligkeiten eine lange und zerstörerische Zukunft beschieden sein sollte.

Doch ab 691, nach seinem Sieg über Ibn al-Zubair und dem Ende des kurzzeitigen Wiederaufstiegs Mekkas zur Residenz, erwies sich ʿAbd al-Malik als ein außergewöhnlich kluger Kalif. Ibn al-Zubair hatte als erster Herrscher das Verwaltungssystem in den von muslimischen Heeren eroberten Territorien, das seine Vorgänger fast unverändert von den Byzantinern übernommen hatten, substanziell und produktiv umgestaltet. Mit ʿAbd al-Malik nun etablierten die Umayyaden endlich das Arabische als offizielle Verwaltungssprache, schufen ein für das ganze Reich einheitliches Münzwesen und ersetzten die noch existierenden arabo-byzantinischen Münzen, die davor jahrzehntelang in Umlauf gewesen waren. Anfangs gab ʿAbd al-Malik Bronze-, Silber- und Goldmünzen aus achtzehn Prägestätten heraus, die über sein ganzes Reich verteilt waren, von der Südosttürkei bis nach Syrien und Palästina. Die Münzen trugen nicht nur seinen Namen, sondern bildeten auch ihn selbst als stehende Figur ab; in die Numismatik sind diese Münzen als «der Stehende Kalif» eingegangen.[7] Doch bald darauf schaffte ʿAbd al-Malik alle figürlichen Darstellungen ab. Von nun an waren bilderlose Münzen der Standard für künftige islamische Staaten.[8] Die islamische Verwaltung, die in der Zeit von Mohammeds Wirken über die Herrschaft der rechtgeleiteten Kalifen bis zu den beiden Bürgerkriegen keine feste Form gefunden hatte, gewann unter ʿAbd al-Malik eine für lange Zeit verbindliche Form. Dies war letztlich Muʿāwiyas Vermächtnis, der mit Erfolg die Umayyadenherrschaft in Damaskus verankert hatte. Dank des tatkräftigen und visionären Kalifen am Ende des siebten Jahrhunderts mündete die lange und turbulente Ära des Übergangs von Byzanz zum Islam in eine Zeit der Stabilität, wenngleich erst, nachdem Ibn al-Zubair besiegt worden war.

Der sichtbare Beweis für seine Leistung entstand in Jerusalem an der Stätte des einstigen jüdischen Tempels, die als *haram al-scharīf* («edles Heiligtum») bezeichnet wird. Hier ließ ʿAbd al-Malik in den Jahren 691 und 692 den prachtvollen Felsendom errichten. Die Datierung ist gesichert, auch wenn ein späterer Herrscher ʿAbd al-Maliks Namen auf dem Bauwerk durch seinen eigenen ersetzte. Unklar jedoch ist bis heute, ob das Datum die Vollendung des Bauwerks bezeichnet, wie man es erwarten könnte, oder den Baubeginn. Da zu diesem Zeitpunkt der Kampf gegen Ibn al-Zubair beendet war, erscheint es plausibler, den Beginn dieses großen Unternehmens mit der Etablierung ʿAbd al-Maliks als unangefochtener Kalif in Zusammenhang zu bringen. Es ist jedoch auch vorstellbar, dass er das Projekt in den letzten Jahren seines Krieges gegen das Regime in Mekka als sichtbares Zeichen seines Anspruchs auf die oberste Befehlsgewalt in der Region in Angriff nahm. Dass ʿAbd al-Malik das Kreuz auf den von den Byzantinern übernommenen Münzen eliminierte, dass er nur noch bilderlose Münzen prägen ließ und Arabisch zur Verwaltungssprache seines Reiches machte, zeigt bereits, in welche Richtung er die Umayyadenherrschaft führen sollte. Nach dem Aramäischen, der Sprache Jesu und seiner ersten jüdischen Anhänger, war lange Zeit Griechisch die vorrangige Sprache der Christen gewesen. Doch im Laufe der Zeit hatten diese begonnen, ihren Glauben in vielen anderen Sprachen des Nahen Ostens zu verkünden, unter anderem auf Armenisch, Äthiopisch, Syrisch und schließlich auch Arabisch. In der folgenschweren Übergangszeit am Ende des siebten Jahrhunderts aber bezeugte die Verwendung des Arabischen als Amtssprache des Kalifats in aller Deutlichkeit den islamischen Sieg über Byzanz.

Die Auswanderung des Propheten nach Yathrib und die Umbenennung Yathribs in Medina, «die Stadt» (*medina*) des Islams, war ein entscheidender Schritt zur Konsolidierung der neuen Religion gewesen. Von da an verblassten der Glanz und die Vorrangstellung, die Mekka mit der Präsenz Mohammeds gewonnen hatte, und die Stadt ging schnell im großen Ganzen arabischer Städte und Heiligtümer auf. Versuche, die Autorität Mekkas als Hauptstadt des Islams in den letzten Tagen der rechtgeleiteten Kalifen Mitte des siebten Jahrhunderts wiederherzustellen, waren kläglich gescheitert, ebenso die Herrschaftsansprüche Ibn al-Zubairs. Mekka wurde wieder das, was es ursprünglich gewesen war, ein heiliger Bezirk für Pilger. Neben dem Bau des Felsendoms ließ ʿAbd al-Malik, wie es heißt, die Kaaba renovieren, indem er den Wiederaufbau und die Säuberung fortsetzte, mit denen Mohammed selbst begonnen hatte.[9] Mit der gefestigten Herrschaft der Umayyaden in Damaskus und danach der Abbasiden in Bagdad wurde Mekka zu dem Ort, in dessen Richtung gebetet wurde, und zum Ziel der *hadsch*, der rituellen Wallfahrt. Das politische Zentrum der islamischen Herrschaft jedoch sollte es nie mehr werden.

Kein noch so scharfsinniger Bürokrat hätte für die Zukunft des Islams eine flexiblere Struktur schaffen können als die Trennung von Kalifat und Heiligtum (*haram*). Als zentrales Heiligtum der Gläubigen versammelte Mekka die Muslime zum Gebet, doch möglich wurde damit auch eine gefährliche Vielzahl unterschiedlicher muslimischer Glaubensrichtungen und Staaten. Was geschehen wäre, wenn die Umayyaden von Mekka aus regiert hätten, bleibt eine der großen offenen Fragen der Geschichte.

9

Der Felsendom in Jerusalem

Die große Umayyadenmoschee mit ihrer glänzenden Kuppel, die wir unter dem Namen Felsendom kennen, entstand einer dort befindlichen Mosaikinschrift zufolge in den Jahren 691 und 692 und war somit das Werk von ʿAbd al-Malik. Auch wenn ein rivalisierender Abbasidenkalif im neunten Jahrhundert dessen Namen durch seinen eigenen ersetzte, herrscht allgemeiner Konsens darüber, dass die Moschee von ʿAbd al-Malik errichtet wurde. Unsicher allerdings ist, wie bereits erwähnt, ob das in der Inschrift genannte Datum den Beginn oder den Abschluss der Bauarbeiten bezeichnet. Diese Frage wird wohl nie zu klären sein. Das gewaltige Projekt entstand entweder in den letzten Jahren von ʿAbd al-Maliks Kampf gegen Ibn al-Zubair oder an dessen Ende. Wie auch immer, es beherrscht seither – bis heute – die Stadt Jerusalem.

Die Kuppel, die heute mit ihrem goldenen Glanz weithin sichtbar ist, ist eine mit einer vergoldeten Aluminiumlegierung verkleidete Holzkonstruktion. Sie erhebt sich über einer zylindrischen Basis mit einem riesigen nackten Fels in der Mitte, die von einer achteckigen Mauer mit zwei Umgängen umschlossen wird. Diese erlauben die Betrachtung einer Vielzahl von prunkvollen kalligraphischen arabischen Texten in den Arkaden. Sie scheinen Auszüge aus dem Koran zu enthalten, wie wir ihn heute kennen, oder zumindest Anklänge an ihn. Das gesamte Bauwerk kündete nach seiner Fertigstellung von ʿAbd al-Maliks Leistung, den konkurrierenden Kalifen Ibn al-Zubair in Mekka in einem Bürgerkrieg (*fitna*) niedergerungen zu haben. Der Felsendom sicherte Jerusalem seine Bedeutung als eine der drei wichtigsten heiligen Stätten des Islams neben Mekka und Medina. Mit seiner Sichtbarkeit und seiner Prominenz ist er vielleicht das einzige wirklich enge Bindeglied zwischen dem frühen umayyadischen Kalifat und der Gegenwart. Das Oktogon des Felsendoms und der schwarze Würfel der Kaaba sind die beiden heiligsten und markantesten Wahrzeichen der heutigen muslimischen Welt.

Der Felsendom erhebt sich auf dem Berg Morija in Jerusalem. Dieser Berg gilt als der Standort des Tempels, der der Bibel zufolge von Salomo erbaut wurde. 587/586 v. Chr. zerstörten die Babylonier den Tempel, als sie Jerusalem eroberten und viele Juden in die babylonische Gefangenschaft führten. Mit Sicherheit befand sich auf dem Berg der nachsalomonische sogenannte Zweite Tempel, der nach dem Ende der babylonischen Gefangenschaft zu Beginn der persischen Herrschaft am Ende des sechsten Jahrhunderts erbaut wurde. Die heilige Stätte bestand aus einer trapezförmigen steinernen Plattform oben auf dem Berg. Über den Zweiten Tempel in seiner persischen und hellenistischen Phase wissen wir wenig, weil Herodes der Große das Bauwerk im ersten Jahrhundert v. Chr. grundlegend umgestaltete. Er hinterließ ein Gebäude, das Titus und Vespasian in ihrem Krieg gegen die Juden im Jahr 70 n. Chr. zerstörten. Die Reste des Bauwerks, insbesondere die Klagemauer in ihrer heutigen Gestalt, sind allen Juden heilig. Der Berg selbst, oft auch

Abb. 4 Der Felsendom in Jerusalem. Photographie, um 1890.

Tempelberg genannt, heißt im Arabischen Haram al-scharīf, das «edle Heiligtum». Kalif ʿAbd al-Malik errichtete seinen Felsendom auf einer kleinen trapezförmigen Plattform, die wiederum auf dem Plateau steht, das wohl ursprünglich die steinerne Plattform des salomonischen Bergs bildete.

Der gesamte Komplex liegt in der südöstlichen Ecke der ummauerten Altstadt von Jerusalem, doch aufgrund seiner erhöhten Lage und seiner glänzenden Kuppel beherrscht der Felsendom den Blick auf die Stadt von den umliegenden Gebieten, darunter dem Zionsberg, dem Ölberg und Golgatha. Sein Fortbestand seit dem späten siebten Jahrhundert über mehr als 1300 Jahre bis heute ist ein ebenso großes Wunder wie das Bauwerk selbst.[1]

Nachdem ʿUmar unter Mithilfe des Patriarchen Sophronius im Jahr 638 den Islam nach Jerusalem gebracht hatte, sollte noch ein halbes Jahrhundert vergehen, bis die Umayyaden in der Stadt und der gesamten Region systematische Verwaltungsstrukturen aufbauten. Wie bereits erwähnt, wurde erst spät in dieser Übergangsperiode die fest eingewurzelte griechische Sprache und Kultur des byzantinischen Palästina durch die arabische Sprache in der Verwaltung und durch ein Münzwesen ersetzt, das die Religion der Herrscher bekundete. Der Felsendom war der Höhepunkt dieses langsamen und über viele Jahre erstaunlich friedlich verlaufenen Wandels. Für die lokale Bevölkerung vollzog sich dieser Prozess sehr viel weniger einschneidend und gewaltsam als manchmal für die Muslime selbst, unter denen rivalisierende Parteien um die Macht kämpften. Wir müssen uns daher fragen, was zwischen ʿUmars Ankunft in Jerusalem und der Herrschaft ʿAbd al-Maliks auf dem Haram al-scharīf stand. Es waren vier merkwürdig unproduktive Jahrzehnte der islamischen und umayyadischen Herrschaft über Jerusalem, in deren Verlauf zwei Bürgerkriege stattfanden. Zum Glück und überraschenderweise erhalten wir Antwort aus einer unerwarteten Quelle.

Um 680 bereiste der fränkische Bischof Arculf Palästina. Alles, was wir über diesen ansonsten unbekannten Kleriker wissen, steht in einem Werk über heilige Stätten, *De Locis Sanctis*, das von Adomnán verfasst wurde, dem Abt des irischen Klosters auf der schottischen Insel Iona. Adomnán zufolge verschlug es Arculf auf seiner Rückfahrt an die Westküste Schottlands. In Iona oder vielleicht auch anderswo führte er lange Gespräche mit Adomnán , in denen er dem Abt ausführlich von seinen Reisen im Nahen Osten berichtete. Diese Erzählungen beeindruckten den Abt so tief, dass er Arculfs Reisebericht für künftige Generationen niederschrieb. Adomnáns lateinischer Text ist er-

Abb. 5 Reich verzierter Bogenzwickel der oktogonalen Arkade im Innern des Felsendoms. Über den Bögen verläuft eine Mosaikinschrift, in der die frühesten erhaltenen Koranfragmente gesehen werden.

halten geblieben, so dass wir ihn heute lesen können. Bereits kurz nach seiner Niederschrift war er dem Geschichtsschreiber Beda Venerabilis zugänglich, der daraus exzerpierte.[2]

In den letzten Jahren ist klar geworden, dass Teile von *De Locis Sanctis* Texte widerspiegeln, die womöglich in Iona vorhanden waren, allen voran Hieronymus' Verzeichnis der heiligen Stätten Palästinas, und dass der Abt möglicherweise mehr an exegetischen Problemen im Zusammenhang mit den biblischen Orten interessiert war als an einem Reisebericht.[3] Da bereits der Name Arculf ungewöhnlich ist, wurde die Existenz des Bischofs selbst infrage gestellt. Doch nach einer Welle der revisionistischen Skepsis setzte sich die Ansicht durch, dass Adomnáns Werk auf Augenzeugenberichte aus Palästina zurückgeht. Man kann aber davon ausgehen, dass der Abt in die Schilderungen des fränkischen Bischofs schriftliche Berichte einbaute, zu denen er in Iona Zugang hatte. Dennoch bleibt ein wertvoller Bestand an unmittelbaren Zeugnissen eines Palästina-Reisenden aus dem späten siebten Jahrhundert übrig. Darauf haben jüngst Robert Hoyland und Sarah Waidler hingewiesen. Ihrer Ansicht nach haben Geschichtswissenschaftler kein Recht, Adomnán und Arculfs Reise als reine Fiktion abzutun.[4]

Gleich zu Beginn seiner Beschreibung Jerusalems kommt Arculf auch auf das zu sprechen, was er am Ort des Haram gesehen hatte: «An jener berühmten Stätte, wo einst der Tempel großartig erbaut war, nahe der Ostmauer, besuchen jetzt die Sarazenen ein viereckiges Bethaus [*quadrangulam orationis domum*], das sie auf gewissen Trümmerresten aus Brettern und großen Balken errichtet haben: eine geringe Arbeit, ein Haus, das indes dreitausend Menschen auf einmal soll fassen können.»[5]

Dieses kostbare Zeugnis vermittelt ein einzigartiges Bild des Haram nur gut zehn Jahre vor dem Bau des Felsendoms. Sein Wert besteht nicht nur in dem, was erwähnt wird, sondern auch in dem, was nicht erwähnt wird. Auf dem Areal, so viel ist sicher, befand sich eine große Moschee in Form einer einfachen Holzkonstruktion. Ein solches dem Gebet geweihtes Gebäude belegt die Heiligkeit des Ortes für eine große Zahl von Muslimen, zu denen Bewohner der Stadt ebenso wie Pilger gezählt haben müssen. Was aber noch wichtiger ist: Arculf lässt den großen Felsen unerwähnt, auf dem später der Felsendom errichtet wurde. Wir müssen daher annehmen, dass die Moschee, von der Arculf spricht, entweder über dem Felsen erbaut war oder, wenn der Felsen sichtbar zutage lag, der Bischof ihn schlichtweg übersehen hat.

Angesichts der Bedeutung des Felsens und seiner Verbindung mit Mohammeds Nachtreise (*isrāʾ*) von Mekka nach Jerusalem, von der Sure 17 erzählt, wäre es am einfachsten, davon auszugehen, dass die viereckige hölzerne Moschee für dreitausend Menschen tatsächlich über und um den Felsen herum errichtet wurde. Wäre der Fels außerhalb der Moschee sichtbar gewesen, wäre kaum zu glauben, dass Arculf ihn übersehen oder nicht erwähnt hätte. Mit den Worten der Koransure 17,1: «Gepriesen sei, der seinen Knecht [Mohammed] nachts reisen ließ von der heiligen Anbetungsstatt [in Mekka] zur fernsten (*masdschid al-aqsā* [in Jerusalem]), um die herum wir [Gott] Segen spendeten, um ihm [Mohammed] von unseren Zeichen einige zu zeigen! Siehe, er ist der Hörende, der Sehende.»[6]

Die spätere muslimische Tradition schmückte Mohammeds nächtliche Reise mit Details von der Ankunft des Propheten in Jerusalem am Bāb al-nabī oder Prophetentor aus, das mit dem Doppeltor unter der heutigen al-Aqsa-Moschee auf dem Tempelberg gegenüber dem Felsendom gleichgesetzt wird. Hier soll Mohammed dem Erzengel Gabriel begegnet sein. Sie beteten gemeinsam am Felsen, dann wurde der Prophet von dem geflügelten Pferd Burāq in den Himmel getragen. Der Felsen habe sich erhoben, um ihm zu folgen, aber Gabriel oder Mohammed habe ihn zurückgehalten. Alle Propheten vor Mohammed seien zu seiner Begrüßung aufgestanden, um ihn als den letzten und größten in einer langen Reihe von Propheten zu ehren. Dann wurde ihm eine Vision der Hölle und des Paradieses mit allen Schrecken und Freuden zuteil. Als der Felsen sich erhob, so die Überlieferung, sei die Höhle entstanden, die sich heute unter ihm befindet. Die rätselhaften Zeichen auf seiner Oberfläche galten als die Fuß- und Handabdrücke Gottes zur Zeit der Erschaffung der Welt.[7] Diese bemerkenswerte Interpretation wurde im siebten Jahrhundert akzeptiert, auch wenn sie später von der muslimischen Orthodoxie verworfen wurde, weil sie in frevelhafter Weise von einer körperlichen Gottheit ausgeht.

Die muslimische Tradition verknüpfte die Entdeckung des Felsens auf dem Haram auch mit Sophronius' Empfang ʿUmars in Jerusalem im Jahr 638. Als ʿUmar den Vorschlag von Sophronius ablehnte, in der Grabeskirche zu beten, sollen die beiden zum Tempelplateau hinaufgestiegen sein, das mit Ruinen übersät war; dort soll ʿUmar den Felsen gesehen und beschlossen haben, hier eine Moschee zu errichten.[8] Wenn an dieser Geschichte irgendetwas dran ist, dann doch wohl, dass mit dieser Moschee die riesige viereckige Moschee gemeint ist, die Arculf erblickt hatte, und dass diese neue und geräumige Moschee den Felsen einbezog, von dem aus Mohammed aufstieg, um eine Vision von Hölle und Paradies zu empfangen.

Der Bau des Felsendoms von Jerusalem, sei es ein paar Jahre vor 691 oder exakt in jenem Jahr, war ʿAbd al-Maliks unmittelbare Antwort auf die langwierige, aber letztlich erfolgreiche Niederschlagung der rivalisierenden Herrschaft Ibn al-Zubairs in Mekka. So könnte das Bauwerk die dem Felsen und seiner Lage bereits zuvor zugeschriebene Heiligkeit bekräftigt haben. Schon die hölzerne Moschee, die Arculf sah, belegt den sakralen Charakter der Stätte. Wie bereits erwähnt, gab es zur Zeit Arculfs eine später verworfene muslimische Tradition, der zufolge die Zeichen auf dem Fels Fuß- und Handabdrücke Gottes waren, die einzigen Spuren seiner Präsenz auf der Erde nach der Erschaffung der Welt. Wir werden nie erfahren, wann und wo diese Geschichte entstanden ist und ob ʿAbd al-Malik sie kannte. Wenn der Kalif sie tatsächlich kannte, geht die Heiligkeit des Felsens wohl auf die ersten Jahre nach der muslimischen Eroberung Jerusalems zurück. Der prächtige, auf diesem Felsen errichtete Bau wurde schnell zu einem machtvollen und dauerhaften Symbol des Islams und verschaffte Jerusalem einen Status, der nur mit Mekka vergleichbar war.

Angesichts seiner überragenden symbolischen Bedeutung in dem Moment, da die arabische Umayyaden-Dynastie ihre Herrschaft in der Region konsolidierte, muss man fragen, welche Botschaft ʿAbd al-Malik der Welt mit dem Bau des Felsendoms übermitteln wollte. Glücklicherweise hat er seine Botschaft in einer Vielzahl prachtvoller kalligraphischer Texte dargelegt, die er in Mosaikinschriften an der Innen- und Außenseite der Arkaden der beiden oktogonalen Umgänge gut sichtbar anbringen ließ. Sie beinhalten die mehrfache Wiederholung der *bismillah*, der mit den Worten «Im Namen Allahs» beginnenden Anrufung Gottes (Allahs) als des barmherzigen Erbarmers und der Bekräftigung des einen und einzigen Gottes. Mit diesen Bekundungen von Gottes Einzigartigkeit und Barmherzigkeit sind jedoch Sätze aus dem Koran verflochten, die zumeist, aber nicht in allen Fällen, der kanonischen Fassung des heiligen Textes in der heute gängigen, von ʿUthmān redigierten Fassung entsprechen.[9] Oleg Grabar hat die Frage gestellt, ob die Abweichungen von dem mutmaßlich von ʿUthmān redigierten Text nicht vielleicht eine mündliche Tradition spiegeln, die über die Etablierung einer kanonischen Fassung des Heiligen Buches hinaus fortbestand. Er spekulierte sogar darüber, ob man überhaupt von Koranzitaten sprechen könne, kam letztlich aber zu dem Schluss, dass es sich teils um Koranpassagen, teils um Varianten einer mündlichen Tradition handle.[10]

Wie die exakte Erklärung für diese Zeilen mit koranischem Material auch immer lautet: ʿAbd al-Maliks Absicht lässt sich am besten an den Texten ablesen, die an der Innen- und Außenseite des inneren Oktogons deutlich sichtbar angebracht sind. Nach Oleg Grabar gibt es einen reizvollen Zusammenhang zwischen der Tatsache, dass ʿAbd al-Malik einerseits auf den von ihm geprägten Gold- und Silbermünzen Bilder durch

Schrift ersetzte, und andererseits Schrift zur Übermittlung seiner Botschaft im Felsendom verwendete.[11] Falls der Kalif tatsächlich Worte als das mächtigste Instrument zur Übermittlung seiner Ziele betrachtete, wie es das Münzwesen nahelegt, wählte er die Inschriften seines prachtvollen Bauwerks wahrscheinlich mit größter Sorgfalt aus. Dass der Abbasidenkalif al-Ma'mūn im neunten Jahrhundert ʿAbd al-Maliks Namen durch seinen eigenen ersetzte, ohne sich die Mühe zu machen, das ursprüngliche Datum des späten siebten Jahrhunderts zu ändern, zeigt, dass es bei den Inschriften nicht nur um die Selbstverherrlichung des Kalifen, sondern auch um den theologischen Gehalt ging. Viele der Inschriften wiederholen lediglich die *bismillah*; das gilt auch für die Koranverse am östlichen und am nördlichen Portal.

Die Korantexte auf der Innenseite des Oktogons jedoch sind bemerkenswert, weil sie Zitate aus der vierten und der neunzehnten Sure mit direkten Bezügen zu christlichen Traditionen über Maria und Jesus enthalten. Der erste dieser Texte aus der vierten Sure kann folgendermaßen wiedergegeben werden:

> Ihr Buchbesitzer! Geht nicht zu weit in eurer Religion, und sagt nur die Wahrheit über Gott! Siehe, Christus Jesus, Marias Sohn, ist der Gesandte Gottes und sein Wort, das er an Maria richtete, und ist Geist von ihm. So glaubt an Gott und seine Gesandten und sagt nicht: «Drei!» Hört auf damit, es wäre für euch besser. Denn siehe, Gott ist *ein* Gott; fern sei es, dass er einen Sohn habe. Sein ist, was in den Himmeln und auf Erden ist. Gott genügt als Anwalt. Christus wird es nie verschmähen, ein Knecht Gottes zu sein, und auch die Engel, die ihm nahestehen, nicht. Wer es jedoch verschmäht, ihm zu dienen, und sich erhaben dünkt, die wird er allesamt zu sich versammeln.

Mit den Worten «Sprich den Segen über Deinen Gesandten und Deinen Knecht Jesus, den Sohn Marias» geht der Text über zu

Zeilen aus der neunzehnten Sure, und der Korantext wird mit folgenden Worten aufgegriffen:

> Friede sei über ihm am Tag seiner Geburt und am Tag seines Todes und an dem Tag, da er zum Leben erweckt wird.[12] Das ist Jesus, der Sohn Marias. Sie streiten um eine Sache der Wahrheit: Es steht Gott nicht an, einen Sohn anzunehmen. Gepriesen sei er, wenn er etwas beschlossen hat, sagt er nur «Sei», dann ist es. Gott ist wahrhaft mein Herr und euer Herr.[13] Daher sollt ihr ihm dienen. Das ist der gerade Weg.

Die Einfügung dieser beiden unmissverständlichen Texte zu den Ursprüngen und Lehren des frühen Christentums in die Inschriften an der Innenseite der oktogonalen Arkade muss eine bestimmte Absicht verfolgt haben. Sie müssen etwas über die Haltung des Kalifen gegenüber der Religion des Byzantinischen Reiches mitteilen, die nun in der Stadt des Heiligen Grabes der Christen durch seine eigene Religion verdrängt worden war. Der Kalif hatte beschlossen, den Felsendom an dem ältesten heiligen Ort dieser Stadt zu errichten. Die Texte erkennen ausdrücklich Jesus als einen Gesandten Gottes an, durch Sein Wort und Seinen Geist (oder Atem, *rūh*), die Maria gegeben wurden. Jeder Muslim wusste, dass auch Mohammed als Prophet ein Gesandter Gottes war, doch die koranische Anerkennung Jesu als eines weiteren göttlichen Gesandten verknüpft die beiden großen monotheistischen Religionen Christentum und Islam miteinander. Diese Anerkennung durfte allerdings nicht verdecken, dass die christliche Trinitätslehre nicht zu dieser Verknüpfung der beiden Monotheismen passte. Die Texte im Felsendom würdigen den gemeinsamen Monotheismus der neuen und der älteren Religion, weisen aber gleichzeitig die Idee eines dreifaltigen Gottes entschieden zurück.

Diese im Koran verankerte Ablehnung war in den Lehren

Mohammeds und in den Offenbarungen, die ihm von Gabriel übermittelt wurden, fest verwurzelt. Eine Inschrift am Nordportal des Felsendoms erläutert Mohammeds Rolle in Bezug auf andere Religionen in einem Text, der gleichfalls aus dem Koran stammt, dort allerdings zwei Mal auftaucht, in zwei verschiedenen Suren.[14] Mohammed wird zum Gesandten Gottes erklärt, «den er mit der rechten Leitung und mit der Religion der Wahrheit sandte, um ihr zum Siege zu verhelfen über alle Religion, auch wenn es den Beigesellern zuwider ist». Es ist klar, dass der Polytheismus für die muslimische Anerkennung anderer Religionen ein unüberwindliches Hindernis darstellte. Das Christentum wich mit seiner Trinitätslehre vom strengen Monotheismus ab und schien polytheistische Züge zu haben, die dem Islam ein Gräuel sind. Doch da es, zumindest grundsätzlich, auch monotheistisch und eine «Buchreligion» war, konnte es im Islam einen Platz finden. ʿAbd al-Malik thematisierte diese Probleme. Er wandte sich damit an die Gemeinschaft der Gläubigen und unterwies sie in einem Punkt, den seine muslimischen Vorgänger in den vorausgegangenen fünfzig Jahren stillschweigend übergangen hatten. Es scheint, als habe der Kalif die Grenzen der muslimischen Toleranz aufzeigen wollen, als er daranging, eine christliche und byzantinische in eine muslimische und arabische Verwaltung umzugestalten.

Nichts an diesen kalligraphischen Texten deutet darauf hin, dass es ʿAbd al-Malik darum ging, die Christen zu bekehren. Es ging ihm vielmehr nur darum zu zeigen, dass die orthodoxe Trinitätslehre mit einem strengen Monotheismus unvereinbar war. Dies war freilich ein Streitpunkt, der auch christliche Theologen bereits beschäftigt hatte. Das islamische Reich war die Heimat vieler Miaphysiten, die an die «eine Natur» Christi glaubten und sich nach dem Konzil von Chalcedon im Jahr 451 im Zuge einer komplizierten Debatte über die Natur Christi von Byzanz getrennt hatten. Die Gebiete des einstigen Byzantinischen Reiches, die dem Miaphysitismus anhingen, vor allem der Großraum Syrien und Ägypten, gehörten nun zum neuen islamischen Reich, und Äthiopien, ein enger Nachbar, unterstützte gleichfalls die miaphysitischen Christen. Obwohl natürlich die Miaphysiten im islamischen Einflussbereich an die Trinität glaubten, könnte ihr militantes Eintreten für die *eine* Natur Christi sie einem Koranleser sympathischer gemacht haben.

ʿAbd al-Malik entschied sich ganz bewusst dafür, in Jerusalem seine Anerkennung von Jesus als eines Gesandten Gottes und von Maria als Empfängerin von Gottes Wort und Geist zu bekunden. Die Bezugnahme auf das «Wort» (*kalām*) in den kalligraphischen Texten spiegelte vielleicht sogar die Vertrautheit mit dem *Logos* des Neuen Testaments (siehe die Eingangszeilen des Johannesevangeliums «Im Anfang war das Wort ...»), während der Geist (*rūh*) auf das griechische *pneuma* zu verweisen scheint. Doch die emphatische Ablehnung der Trinität kann nur als ein Kommentar zur christlichen Orthodoxie gesehen werden, die nebenan in der Grabeskirche gefeiert wurde. Damit traten diese beiden großen heiligen Stätten nicht nur in einen Dialog miteinander, sie wurden gleichzeitig grundsätzlich unvereinbar. Das verhieß nichts Gutes für die Zukunft, trotz der Anerkennung der Gemeinsamkeiten von Islam und Christentum.

Was ʿAbd al-Maliks Felsendom in auffälliger Weise ausklammert, ist der älteste Monotheismus Jerusalems, die Religion der Juden. Das ist umso bemerkenswerter, als sich der Kalif gewiss bewusst war, dass er genau an der Stelle baute, wo einst der Zweite Tempel der Juden gestanden hatte, ganz zu schweigen vom Tempel Salomos. Aber zweifellos wusste er auch, dass das Persische Reich zur Zeit Mohammeds die Juden Palästinas und

Arabiens konsequent unterstützt und als Gegengewicht zu den byzantinischen Christen gestärkt hatte. Als ʿAbd al-Malik die Macht innehatte, existierte das Persische Reich zwar nicht mehr, aber die Feindseligkeit, die es unter den Arabern geweckt hatte, lebte weiter, und die Glut der Feuer, die 614 in Jerusalem gebrannt hatten, als die Perser Jerusalem eroberten, war noch nicht erloschen. Die Versöhnung zwischen ʿUmar und Sophronius, dem Patriarchen von Jerusalem, trug nicht dazu bei, die Situation der Juden zu verbessern, als Jerusalem, die Stadt ihrer Ahnen, auch für die Muslime zu einem heiligen Ort wurde.

Es sollten noch viele Jahrhunderte vergehen, bevor Juden und Muslime imstande waren, die Gemeinsamkeiten ihrer monotheistischen Religionen zu erkennen und sich darüber auszutauschen. Beide betrachten etwa Abraham als ihren Stammvater. Wie schwierig die Annäherung war, wusste niemand besser als Maimonides im zwölften Jahrhundert, der fließend Arabisch und Hebräisch sprach und die fanatische muslimische Herrschaft der Almohaden in Spanien aus eigener Erfahrung kannte. In seinem eindringlichen Brief an die Juden im Jemen kam Maimonides auf die Unvereinbarkeiten der drei großen monotheistischen Religionen zu sprechen und ihre Schwierigkeiten, unter der Herrschaft der jeweils anderen zu leben.[15] Er wusste, was es für einen Juden bedeutete, in einem muslimischen Staat zu leben, und was es für einen Juden bedeutete, in einem christlichen Staat zu leben. Christen und Juden hatten wenigstens die Bibel gemeinsam, der Koran hingegen war nur den Muslimen heilig. ʿAbd al-Maliks Felsendom erhebt sich auf einem Boden, der allen drei großen monotheistischen Religionen heilig ist, aber das Bauwerk verkündet nur eine Religion, ohne die Möglichkeit einer Koexistenz mit den beiden anderen.

Dass Muslime und Juden gemeinsam die christliche Trinitätslehre ablehnen und dass das heilige Buch der Juden auch den Christen heilig ist, reichte nicht, um alle Nachkommen Abrahams durch ein gemeinsames Band zu verknüpfen. Das hatte zur Folge, dass wir bis heute mit den Unvereinbarkeiten zu ringen haben, die ʿAbd al-Malik mit dem Felsendom in Jerusalem der Welt vermachte. Das, was Mohammed unter dem Namen «Islam» der Welt übergab, entwickelte sich in einem Milieu, in dem sich Glaubenslehren und -traditionen vermischten, die nicht miteinander vereinbar waren, und daher kann es kaum überraschen, dass diese Unvereinbarkeiten auch nach der Entstehung des Islams nicht verschwunden sind. In der Geschichte von Judentum, Christentum und Islam haben große Denker aller drei Traditionen tiefschürfend über die Unterschiede dieser Religionen nachgedacht. Auch wenn das Trennende und die Meinungsverschiedenheiten nicht verschwinden werden, müssen wir uns glücklich schätzen, dass wir jene flüchtigen Komponenten, aus denen der Islam hervorgegangen ist, wenigstens betrachten und beschreiben können.

Dank

Meinen Freunden und Kollegen im In- und Ausland, denen ich Dank schulde, bin ich sowohl auf meinen Reisen begegnet als auch in der internationalen Atmosphäre des Institute for Advanced Study in Princeton, wo zu arbeiten ich das Privileg habe. Meinen erst kürzlich verstorbenen Institutskollegen Oleg Grabar und Patricia Crone habe ich in der letzten Fußnote zum Prolog dieses Buches separat gedankt. Ihre Präsenz und ihre Ideen waren für mich stets eine große Bereicherung, ebenso wie die Gäste, die im Rahmen ihrer Forschungen zur nahöstlichen und zur griechisch-römischen Geschichte Jahr für Jahr das Institut besuchten. Einige meiner Ansichten habe ich in einer Vorlesung dargelegt, die ich auf Einladung von Bernhard Palme im Oktober 2015 an der Universität Wien gehalten habe.

Ich danke Christian Robin und Leila Nehme, zwei Kollegen in Paris, für ihre wichtigen Publikationen zur arabischen Epigraphik, aber auch für ihre persönliche Unterstützung über all die Jahre und für das großartige Foto von Abrahas Inschrift in Mārib. Michael Macdonald in Oxford war stets bereit, meine Ideen kritisch zu beurteilen, nicht zuletzt über heidnische Engel. Finbarr Barry Floods Studien zu Äthiopien haben mich zu eigenen Forschungen inspiriert, und seine Bereitschaft, seine Aufnahmen bereitwillig zur Verfügung zu stellen, ist durch das hier abgedruckte Foto einer axumitischen Stele dokumentiert. Paul Yule, der sich der Erforschung des vorislamischen Erbes von Zafār verschrieben hat, setzte mit seinem Heidelberger Team seine Arbeit zu den archäologischen Schätzen des Jemen auch unter schwierigen Bedingungen fort. Ich bin nur einer von vielen, die von diesen Forschungen profitiert haben. Fabrice Delrieux, einem griechischen Numismatiker und Epigraphiker ersten Ranges, gilt mein herzlichster Dank für seine Bereitschaft, die beiden Karten dieses Bandes zu erstellen. Er hat seine kartographischen Fähigkeiten entwickelt, während er sich mit Münzen und Inschriften beschäftigte, und hat seine Talente stets freigebig mit mir und anderen Kollegen geteilt.

Meine beiden letzten Doktoranden haben mich mit ihren herausragenden Studien in Themenbereichen weitergebracht, die mit dem vorliegenden Buch verwandt sind. Maria Conterno hat mir mit ihrer Dissertation am Istituto Italiano di scienze umane in Florenz über die vorgeblich semitischen Quellen der *Chronographia* von Theophanes dem Bekenner die Augen geöffnet für moderne Fehlvorstellungen über Theophilus von Edessa. Ihre Arbeit ist inzwischen publiziert und wurde in die Auswahlbibliographie dieses Buches aufgenommen. In Princeton hatte ich das Vergnügen, zusammen mit Michael Cook die Dissertation von George Hatke über die äthiopisch-arabischen Beziehungen in der Spätantike zu betreuen. Ich danke auch Christian Sahner, der mir seine Dissertation über Konversionen zum Christentum in frühislamischer Zeit zu lesen gab.

Mein wärmster Dank gilt meinen langjährigen Freunden Peter Brown und Christopher Jones. Peter hat großen Anteil an meinem Projekt genommen, und meine Versuche, ihm zu erklären, was ich vorhatte, entlockten ihm faszinierende Ideen, die mir bei der Konzeption des ganzen Buches halfen. Christopher, mit dem ich seit mehr als fünfzig Jahren befreundet bin, hat mit seinen scharfsinnigen Bemerkungen meine Manuskripte verbessert. Bessere Gesprächspartner kann sich kein Historiker wünschen.

Abkürzungen

ACOR	American Center of Oriental Research
ADAJ	Annuals of the Department of Antiquities of Jordan
BASOR	Bulletin of the American Schools of Oriental Research
CRAI	Comptes rendus des séances de l'Académie des Inscriptions et Belles-Lettres, Paris
CSCO	Corpus Scriptorum Christianorum Orientalium editum consilio Universitatis Catholicae Americae et Universitatis Catholicae Lovaniensis, Löwen
JSAI	Jerusalem Studies in Arabic and Islam

Bildnachweis

Abb. 1: Corpus Inscriptionum Himyariticarum 541. Mit freundlicher Genehmigung von Christian Julien Robin, Jeremy Schieccatte und Laila Nehme

Abb. 2: Mit freundlicher Genehmigung von Carmen und Paul Yule, Heidelberg

Abb. 3: Recueil des inscriptions de l'Éthiopie I, 185b und 170b. Mit freundlicher Genehmigung von Finbarr Barry Flood

Abb. 4: © akg-images

Abb. 5: Mit freundlicher Genehmigung von Said Nuseibeh

Karten: Nach einem Entwurf von Fabrice Delrieux

Anmerkungen

Die Übersetzungen aus dem Koran stammen von Hartmut Bobzin: *Der Koran*. Aus dem Arabischen neu übertragen von Hartmut Bobzin unter Mitarbeit von Katharina Bobzin, 2., überarbeitete Auflage, München 2017.

Prolog

1 Fred M. Donner, *Muhammad and the Believers* (Cambridge 2010); Robert G. Hoyland, *In God's Path: The Arab Conquests and the Creation of an Islamic Empire* (New York 2015); Aziz al-Azmeh, *The Emergence of Islam in Late Antiquity: Allāh and His People* (Cambridge 2014).

2 Ich plädiere nicht für die Suche nach Belegen für einen Tod Mohammeds später als 632, wie sie Stephen J. Shoemaker mit *The Death of a Prophet: The End of Muhammad's Life and the Beginnings of Islam* (Philadelphia 2012) unternommen hat. Zwei fragmentarische Texte von 634, die auf Mohammed Bezug nehmen (der eine in griechischer, der andere in syrischer Sprache), bieten kaum Anlass, eine der wenigen in der islamischen Tradition fest verankerten Datierungen über den Haufen zu werfen.

3 Maria Conterno, *La «descrizione dei tempi» all'alba dell'espansione islamica. Un'indagine sulla storiografia greca, siriaca e araba fra VII e VIII secolo,* Millennium-Studien 47 (Berlin 2014).

4 Behnam Sadeghi und Mohsen Goudarzi, «Ṣanʿāʾ 1 and the Origins of Islam», *Der Islam* 87 (2010), S. 1–129.

5 Über Fragen wie diese konnte ich während meiner Jahre am Institute for Advanced Study in Princeton mit zwei Kollegen diskutieren, die ich sehr vermisse: Oleg Grabar und Patricia Crone. Ihre Bereitschaft, orthodoxe Ansichten infrage zu stellen, ging stets mit einer herausragenden Kenntnis der Bild- und Textquellen einher. Beiden habe ich viel zu verdanken, deshalb möchte ich an dieser Stelle ihr Andenken ehren. Dass sie oft nicht einer Meinung waren und ich oft anderer Ansicht war als sie beide, ist ein Beleg für ihre Offenheit. Von dem Austausch mit ihnen habe ich immens profitiert, und ich wünsche der nächsten Generation das Glück, solche Kollegen zu haben.

1 Das arabische Reich König Abrahas

1 F. Villeneuve, C. Phillips und W. Facey, «Une inscription latine de l'archipel Farasân (sud de la mer Rouge) et son contexte archéologique et historique», *Arabia: Revue de Sabéologie* 2 (2004), S. 143–190 und Abb. 63–67. Siehe auch F. Villeneuve, «Une inscription latine sur l'archipel Farasân, Arabie Séoudite, sud de la mer Rouge», *CRAI* 148, 1 (2004), S. 419–429. Zum genauen Zeitpunkt der Garnisonsgründung siehe G. W. Bowersock, «Elio Aristide tra Atene e Roma», in *Elio Aristide e la legittimazione greca dell'impero di Roma* (Bologna 2013), S. 25–38, bes. S. 36.

2 A. R. Al-Ansary, *Qaryat al-Fau: A Portrait of Pre-Islamic Civilization in Saudi Arabia* (Riad und New York 1982); Christian Julien Robin, «Le Royaume Ḥujride, dit ‹royaume de Kinda›, entre Ḥimyar et Byzance», *CRAI* 140, 2 (1996), S. 665–714.

3 G. W. Bowersock, *The Throne of Adulis* (New York 2013), S. 78–91; C. J. Robin, «The Peoples beyond the Arabian Frontier in Late Antiquity: Recent Epigraphic Discoveries and Latest Advances», in *Inside and Out: Interactions between Rome and the Peoples on the Arabian and Egyptian Frontiers in Late Antiquity,* hg. von J. H. F. Dijkstra und G. Fisher (Löwen 2014), S. 33–79, bes. S. 36–49.

4 Bowersock, *The Throne of Adulis,* S. 63–77.

5 D. Genequand und C. J. Robin (Hg.), *Les Jafnides: Des rois arabes au service de Byzance* (Paris 2015). Zu den Ghassāniden siehe im selben Band C. J. Robin, «Ghassān en Arabie», S. 79–120. Zu den Nasriden siehe die gründliche Studie von Isabel Toral-Niehoff, *Al-Ḥīra: Eine arabische Kulturmetropole im spätantiken Kontext* (Leiden 2014), die G. Rothstein, *Die Dynastie der Laḫmiden in al-Ḥīra: Ein Versuch zur arabisch-persischen Geschichte zur Zeit der Sasaniden* (Berlin 1899) endlich ablöst.

6 Richard E. Payne, *A State of Mixture: Christians, Zoroastrians and Iranian Political Culture in Late Antiquity* (Oakland 2015), untersucht diese Kooperation in den spätantiken sassanidischen Territorien.

7 Zu Joseph siehe C. J. Robin, «Joseph, dernier roi de Ḥimyar», *JSAI* 34 (2008), S. 1–124. Zu Kālēb siehe die axumitische Inschrift (Abb. S. 61 im vorliegenden Buch), die in altäthiopischer Sprache (Geʿez) von links nach rechts, aber mit sabäischen Buchstaben und einem deutlich erkennbaren christlichen Kreuz zu Beginn der obersten Zeile geschrieben wurde. Zu den Details von Kālēbs Expedition siehe Bowersock, *The Throne of Adulis,* S. 92–105.

8 Procop., *Bell. Pers.* 1.20.4.

9 Hierzu siehe Bowersock, *The Throne of Adulis,* S. 92–119.

10 Iwona Gajda, *Le royaume de Ḥimyar à l'époque monothéiste* (Paris 2009), S. 118–121 («Noms et titres d'Abraha»). Siehe auch C. J. Robin, «Abraha's Reign: The Current State of Research», in Dijkstra und Fisher, *Inside and Out,* S. 65–71.

11 Procop., *Bell. Pers.* 1.20.4.

12 C. J. Robin, «La Grande Église d'Abraha à Ṣanʿāʾ: Quelques remarques sur son emplacement, ses dimensions et sa date», in *Interrelations between the Peoples of the Near East and Byzantium in Pre-Islamic Times,* hg. von Vassilios Christides, Bd. 3 von *Semitica Antiqua* (Córdoba 2015), S. 105–129.

13 CIS IV/CIH 541, zuletzt bei Walter W. Müller, *Sabäische Inschriften nach Ären datiert. Bibliographie, Texte und Glossar* (Wiesbaden 2010), S. 110–117.

14 Theophylaktos Simokates, *Historia* 4.11.2f.

15 Hierzu genauer bei Gajda, *Le royaume de Ḥimyar,* S. 123–126; siehe S. 124 zum Vergleich mit der Geburtskirche in Bethlehem und der Grabeskirche in Jerusalem.

16 Siehe die Anmerkungen Theodor Nöldekes in seiner nach wie vor unverzichtbaren Übersetzung von al-Tabarīs *Geschichte der Perser und Araber zur Zeit der Sasaniden* (Leiden 1879), S. 201f.

17 Siehe Müller, *Sabäische Inschriften,* S. 110–117; sowie Gajda, *Le royaume de Ḥimyar,* S. 126–130.

18 Zu der ersten von drei Biʾr Murayghān-Inschriften siehe Müller, *Sabäische Inschriften,* S. 118f. Zur jüngsten siehe Gajda, *Le royaume de Ḥimyar,* S. 141.

19 Siehe Gajda, *Le royaume de Ḥimyar,* S. 141, zu Versen eines Gedichts von al-Mukhabbal al-Saʿdī, die von dessen Unterstützung Abrahas in der Schlacht von Halibān handeln.

20 C. J. Robin und S. Ṭayrān, «Soixante-dix ans avant l'Islam: l'Arabie toute entière dominée par un roi chrétien», *CRAI* 156, 1 (2012), S. 525–553. Siehe auch Robin, «The Peoples beyond the Arabian Frontier», S. 68–71.

21 Siehe hierzu Nöldekes Anmerkung in *Die Geschichte der Perser und Araber zur Zeit der Sasaniden,* S. 220f., Fußnote 4.

22 Paul Yule, «A Late Antique Christian King from Ẓafār, Southern Arabia», *Antiquity* 87 (2013), S. 1124–1135.

23 Paul Yule (Hg.), *Late Antique Arabia: Ẓafār, Capital of Ḥimyar, Rehabilitation of a ‹Decadent› Society, Excavations of the Ruprecht-Karls-Universität Heidelberg 1998–2010 in the Highlands of the Yemen,*

Bd. 29 der *Abhandlungen der Deutschen Orient-Gesellschaft* (Wiesbaden 2013).

24 Gianfranco Fiaccadori, «Gregentios in the Land of the Homerites», in *Life and Works of Saint Gregentios, Archbishop of Taphar,* hg. von Albrecht Berger (Berlin 2006), S. 54f.

2 Arabischer Paganismus in der Spätantike

1 Zum spätantiken Himyar und zu seiner Geschichte siehe G. W. Bowersock, *The Throne of Adulis* (New York 2013). Zu Zafār siehe Kapitel 1 des vorliegenden Buches sowie Fußnote 23 und 24. Zu Yathrib siehe Michael Lecker, «Were the Ghassānids and the Byzantines behind Muḥammad's *hijra?*», in *Les Jafnides. Des rois arabes au service de Byzance,* hg. von D. Genequand und C. J. Robin, *Orient et Méditerranée* 17 (Paris 2015), S. 277–293.

2 Toufic Fahd, *Le Panthéon de l'Arabie centrale à la veille de l'hégire* (Paris 1968).

3 Ibn al-Kalbī, *Kitāb al aṣnām, or A Book of Idols: A History of Arab Worship before the Advent of Islam,* ins Englische übersetzt von Mohammad Reza Jalali Naini (Teheran 1970).

4 Ishay Rosen-Zvi und Adi Ophir, «Paul and the Invention of the Gentiles», *Jewish Quarterly Review* 105, 1 (2015), S. 1–41. Diese gründliche und wichtige Untersuchung wäre klarer gewesen, wenn die Autoren bei ihren Ausführungen den Bezug auf das englische *gentile* vermieden hätten, das Paulus natürlich nicht benutzte. Die Autoren betonen zu Recht die Bedeutung von *ethnos* im Verhältnis zu *goy*, doch Paulus' *ethnê,* das Barbaren einschließt (Röm 1,14), kann weiter gefasst sein als *gentile*. Paulus verwendet manchmal auch *hellēn* (Grieche) für *gentile*, zum Beispiel in Röm 1,16, 2,9 und 2,10.

5 Zu Gregor von Nazianz und seinem Unmut über Julians Vereinnahmung der klassischen griechischen Bildung siehe *Oratio* 4: A. Kurmann, *Gregor von Nazianz, Oratio 4 gegen Julian. Ein Kommentar* (Basel 1988).

6 Der heidnische Monotheismus verdankt seine Prominenz in der aktuellen Forschung dem von P. Athanassiadi und M. Frede herausgegebenen Band *Pagan Monotheism in Late Antiquity* (Oxford 1999). Zum vorislamischen arabischen Paganismus siehe G. R. Hawting, *The Idea of Idolatry and the Emergence of Islam* (Cambridge 1999); und P. Crone, «The Religion of the Qur'ānic Pagans: God and the Lesser Deities», *Arabica* 57 (2010), S. 151–200.

7 Louis Robert, «Un oracle gravé à Oinoanda», *CRAI* 115, 3 (1971), S. 597–

619, wiederabgedruckt in *Opera Minora Selecta* (Amsterdam 1989), Bd. 5, S. 617–639.

8 Herodot, *Historien* 1.131 und 3.8.

9 Zur Marmorstatue Allāts in Palmyra siehe A. Sartre-Fauriat und M. Sartre, *Palmyre: La cité des caravanes* (Paris 2008), S. 75. Zum Gemälde und zur Statue in Qaryat al-Fāw siehe G. W. Bowersock, *Hellenism in Late Antiquity* (Ann Arbor 1990), Tafel 12 und 14.

10 Siehe das großartige Relief im Nationalmuseum von Sanaa, das kürzlich in *Dieux et déesses d'Arabie,* hg. von C. J. Robin und Isabelle Sachet (Paris 2012), S. 75, veröffentlicht wurde. Der Engel wird als «sehr hoch» *(ʿlyt)* eingestuft und hat als Attribut ein Seil, das für das Schicksal steht.

11 Zu arabischen Göttern und Engeln siehe G. W. Bowersock, «Les anges païens de l'antiquité tardive», *Cahiers Glotz* 24 (2013), S. 91–104, bes. S. 99f.

12 Die Inschriften werden wiedergegeben bei J. Cantineau unter MNWTW in *Le Nabatéen* (Paris 1932), Bd. 2, S. 116.

13 Siehe die eingehende Studie von Al Makin, *Representing the Enemy: Musaylima in Muslim Literature* (Frankfurt a.M. 2010).

14 Aziz al-Azmeh, «Arabian Monolatry and Ambient Monotheism», in Aziz al-Azmeh, *The Emergence of Islam in Late Antiquity* (Cambridge 2014), S. 248–259.

15 M. Tardieu, «Ṣâbiens coraniques et ‹ṣābiens› de Ḥarrān», *Journal asiatique* 274 (1986), S. 1–44. Siehe Ilsetraut Hadot, *Le néoplatonicien Simplicius à la lumière des recherches contemporaines* (Sankt Augustin 2014), S. 53–80.

16 Uri Rubin, «Ḥanīfiyya and Kaʿba», *JSAI* 13 (1990), S. 85–112.

17 al-Azmeh, *The Emergence of Islam,* S. 363–365.

18 Bowersock, «Les anges païens de l'antiquité tardive».

19 P.-L. Gatier, «Inscriptions religieuses de Gérasa», *ADAJ* 26 (1982), S. 269.

20 Koran, 6,50 und 11,31.

3 Das spätantike Mekka

1 Die Inbesitznahme Mekkas erfolgte offenbar auf Initiative von Qusayy, wie Ibn Isḥāq in seiner *Sīra*, 79f., erzählt; vgl. *The Life of Muhammad*, ins Englische übersetzt von A. Guillaume (Oxford 1955), S. 52. Skeptisch gegenüber Mekka als kultischem Zentrum oder Handelsmittelpunkt vor Qusayy ist Patricia Crone, *Meccan Trade and the Rise of Islam* (Princeton, NJ, 1987), S. 168.

2 M. Bukharin, «Mecca on the Caravan Routes in Pre-Islamic Antiquity»,

in *The Qur'ān in Context,* hg. von A. Neuwirth u.a. (Leiden 2010), S. 115–134.

3 Crone, *Meccan Trade,* S. 187–190. Die Ansicht von J. Wellhausen, *Reste arabischen Heidentums gesammelt und erläutert* (Berlin 1887), Hubal und Allah seien ein und derselbe Gott unter zwei verschiedenen Namen, widerspricht der unterschiedlichen Funktion der beiden Götter. Siehe C. J. Robin in *Oxford Handbook of Late Antiquity* (New York 2012), S. 304.

4 J. Starcky und F. Zayadine im Ausstellungskatalog *Pétra et la Nabatène* (Muséum de Lyon: Lyon, 1978), S. 42f. (Ausstellung in Lyon 1978/79).

5 P. C. Hammond, «Ein nabatäisches Weiherelief aus Petra», *Bonner Jahrbücher* 180 (1980), S. 265–269.

6 Robin, *Oxford Handbook of Late Antiquity,* S. 304.

7 Koran, 6,92 und 42,7.

8 H. Lammens, «La république marchande de la Mecque vers l'an 600 de notre ère», *Bulletin de l'Institut Égyptien* 4 (1910), S. 23–54.

9 Crone wird von R. Serjeant kritisiert in seiner Rezension «Mekkan Trade and the Rise of Islam: Misconceptions and Flawed Polemics», *Journal of the American Oriental Society* 110, 3 (1990), S. 472–528 (bes. S. 472, wo Serjeant Crones Buch «eine Diatribe» nennt); vgl. Crones Replik in *Arabica* 39 (1992), S. 216–240.

10 Siehe Bukharin, «Mecca on the Caravan Routes».

11 Siehe Kapitel 4 des vorliegenden Buches.

12 W. Montgomery Watt, *Muhammad at Mecca* (Oxford 1953).

13 Crone, *Meccan Trade,* S. 134–136. Siehe aber Ptolemäus, *Geographia* 6.7.32, am besten in der Ausgabe *Klaudios Ptolemaios, Handbuch der Geographie,* hg. von A. Stückelberger und G. Graßhoff (Basel 2006), Bd. 2, S. 630, mit Karte auf S. 874f.

14 Crone, *Meccan Trade,* S. 136, scheint von einem arabischen Namen für die Stadt auszugehen, obwohl es zu jener Zeit keine arabischen Toponyme gab.

15 Ammianus Marcellinus 23.6.47. Baraba ist unbekannt, könnte jedoch eine Deformation von Maraba für Mārib sein.

16 Ptolemäus verzeichnet eine Stadt namens Gaia nördlich von Hegra (Madā'in Sālih), die Polis genannt wird, noch größere Städte werden als Metropolis bezeichnet. «Polis» war kein Namensbestandteil von Gaia; bei Ammianus' Geapolis/Hierapolis ist das jedoch der Fall.

17 Mikhail Piotrovsky, «Koranicheskaya Archeologiya», in *Issledovaniya po Aravii i Islamu,* hg. von A. V. Sedov (Moskau 2014).

18 In einer Polemik gegen Robert Serjeants plausible Verteidigung der Tradi-

tion, der auch das vorliegende Buch folgt, vertritt Patricia Crone in *Arabica,* S. 221–223, eine heterodoxe Ansicht.

19 Bukharin, «Mecca on the Caravan Routes».

20 Siehe dazu Richard E. Payne, *A State of Mixture: Christians, Zoroastrians and Iranian Political Culture in Late Antiquity* (Oakland 2015).

21 Hierzu siehe Jaakko Hämeen-Anttila in seinem interessanten, wenngleich exzentrischen Aufsatz «Arabian Prophecy», in *Prophecy in Its Near Eastern Context: Mesopotamian, Biblical and Arabian Perspectives,* hg. von Martti Nissinen (Atlanta 2000), S. 115–146. Der Autor bezweifelt Mohammeds Herkunft aus Mekka und behauptet – fälschlicherweise – auf S. 116, der Begriff «biblisch» beziehe sich in islamischen Studien generell auf jüdische und christliche Überlieferungen einschließlich außerbiblischen Materials; die arabische Prophetie habe sich in Yathrib den biblischen Propheten angeglichen und sei «biblisiert» worden.

22 Eine genaue Analyse der Quellen bei Al Makin, *Representing the Enemy: Musaylima in Muslim Literature* (Frankfurt a. M. 2010).

23 Ebd., S. 26–36.

4 Äthiopien und Arabien

1 G. W. Bowersock, *The Throne of Adulis* (Oxford 2013).

2 *Periplus Maris Erythraei* 5: König Zôskalês konnte gut Griechisch.

3 Siehe Kapitel 1 des vorliegenden Buches.

4 Koran, 53,18–23.

5 I. Shahîd, «The Hijra (Emigration) of the Early Muslims to Abyssinia: The Byzantine Dimension», in *To Ellênikon: Studies in Honor of Speros Vryonis, Jr.,* hg. von J. S. Allen u. a. (New Rochelle 1993), Bd. 2, S. 203–213. E. van Donzel und G. Schoeler, «Hiğra», *Encyclopedia ethiopica,* Bd. 3 (Wiesbaden 2007), S. 30–32.

6 W. Raven, «Some Early Islamic Texts on the Negus of Abyssinia», *Journal of Semitic Studies* 33 (1988), S. 197–218.

7 Al-Balādhurī, *Ansāb al-Ashrāf,* hg. von M. Hamīdullah (Kairo 1959), Bd. 1, S. 205–206, erörtert bei Shahīd, «The Hijra», S. 212, Fußnote 5.

8 Siehe Raven, «Some Early Islamic Texts», S. 199 zu den Tränen des *negus* und S. 209–214 zu Mohammeds Gebet für den *negus* nach dessen Tod.

9 Stuart Munro-Hay, *Catalogue of the Aksumite Coins in the British Museum* (London 1999), S. 45 f. Siehe auch Munro-Hays Artikel in *Encyclopedia Aethiopica,* Bd. 1 (Wiesbaden 2003), S. 343 zu Armah und S. 369 f. zu Asham b. Abğar.

10 Die Münze wird von Munro-Hay, *Catalogue,* S. 45, als eine der von Ar-

mah geprägten Silbermünzen beschrieben und ist abgebildet auf Tafel 55, Nr. 566. Zu Munro-Hays Spekulation siehe seinen Eintrag «Armaḥ» in der *Encyclopedia Aethiopica*.

11 Zu diesen Berichten siehe Raven, «Some Early Islamic Texts», und den Artikel «Hiǧra» in der *Encyclopedia Aethiopica*, Bd. 3.

12 M. Ḥamīdullah, *Six originaux des Lettres du Prophète de l'Islam: étude paléographique et historique des lettres du Prophète* (Paris 1985).

13 Koran, 3,45–47. Zu abweichenden Geschichten in der islamischen Tradition siehe Raven, «Some Early Islamic Texts», S. 199–208.

14 Vgl. Koran, 3,47: «Mein Herr, wie soll ich denn ein Kind empfangen, wo mich ein menschlich Wesen nie berührt?» Der Engel antwortet Maria, Allah erschaffe, was er will: «Beschließt er eine Sache, so spricht er nur zu ihr: ‹Sei!› Und dann ist sie.» Vgl. Koran, 3,59: «Siehe, vor Gott gleicht Jesus Adam. Aus Staub erschuf er ihn, dann sagte er zu ihm: ‹Sei!› Und dann war er.»

15 Texte bei Raven, «Some Early Islamic Texts», S. 207.

16 Ibn Isḥaq, *Sīra*, 783f.; vgl. *The Life of Muhammad*, ins Englische übersetzt von A. Guillaume (Oxford 1955), S. 527f. Zu Abraham als weder Jude noch Christ noch Heide, sondern ein *hanīf siehe* Koran, 3,67. Siehe auch Kapitel 2 des vorliegenden Buches sowie G. W. Bowersock, *Empires in Collision in Late Antiquity* (Waltham, MA 2012), S. 66f.

17 Siehe die Dissertation von Christian Sahner, «Christian Martyrs and the Making of an Islamic Society in the Post-Conquest Period» (PhD diss., Princeton University, 2015).

18 *Kebra Nagast* 84, vgl. 114. Die Standardausgabe dieses Werks ist nach wie vor die von Carl Bezold: *Kebra Nagast. Die Herrlichkeit der Könige*. Nach den Handschriften in Berlin, London, Oxford und Paris zum ersten Mal im äthiopischen Urtext herausgegeben und mit deutscher Übersetzung versehen von Carl Bezold (*Abhandlungen der K. Bayer. Akademie der Wiss. I. Kl. XXIII. Bd. I. Abt.;* München 1905). Die Übersetzungsgeschichte wird in einem Kolophon am Ende des überlieferten Textes dargelegt.

5 Die Perser in Jerusalem

1 Eine mustergültige historische Untersuchung zu den Quellen der *Chronographia* von Theophanes dem Bekenner mit den wichtigsten Implikationen für verloren gegangene frühe Quellen in Griechisch und Syrisch, die bei Theophanes, aber auch in der arabischen Geschichte des Agapius erhalten sind, ist Maria Conterno, *La «descrizione dei tempi» all'alba dell'espansione islamica*, Millennium-Studien 47 (Berlin 2014).

2 Siehe die bahnbrechende Arbeit von Gideon Avni, *The Byzantine-Islamic Transition in Palestine: An Archaeological Approach* (Oxford 2014).

3 W. E. Kaegi, *Heraclius, Emperor of Byzantium* (Cambridge 2003).

4 Siehe hierzu G. W. Bowersock, *The Throne of Adulis* (New York 2013).

5 F. Vitto, «Byzantine Mosaics at Bet She'arim: New Evidence for the History of the Site», *'Atiqot* 28 (1996), S. 115–146; C. J. Robin, «Ḥimyar et Israël», *CRAI* 148, 2 (2004), S. 831–906, bes. S. 836 zu himyaritischen Gräbern in Bet She'arim.

6 G. W. Nebe und A. Sima, «Die aramäisch/hebräisch/sabäische Grabinschrift der Lea», *Arabian Archaeology and Epigraphy* 15 (2004), S. 76–83.

7 G. Garitte, *La prise de Jérusalem par les Perses en 614, CSCO*, Bd. 202, georgischer Text, und Bd. 203, lateinische Übersetzung (Löwen 1960).

8 Strategios 10.2, in Garitte, *La prise de Jérusalem,* S. 17f.

9 Strategios 7.1–3, in Garitte, *La prise de Jérusalem,* S. 13.

10 Sophronius, *Anacreontica,* Nr. 14. Zu den beiden Gedichten über die heiligen Stätten Jerusalems siehe Text, Einführung und Kommentar von Herbert Donner, *Die anakreontischen Gedichte Nr. 19 und Nr. 20 des Patriarchen Sophronius von Jerusalem,* Sitzungsberichte der Heidelberger Akademie der Wissenschaften, Philosophisch-Historische Klasse, Bericht 10 (Heidelberg 1981).

11 Zu dieser Episode siehe Kapitel 7 des vorliegenden Buches.

12 H. Cotton u. a. (Hg.), *Corpus Inscriptionum Iudaeae/Palaestinae,* Bd. 1 (Berlin 2010), S. 36.

13 Gideon Avni, «The Persian Conquest of Jerusalem (614 c.e.) – An Archaeological Assessment», *BASOR* 357 (2010), S. 35–48.

14 Ebd., S. 36.

15 Jodi Magness, «A Reexamination of the Archaeological Evidence for the Sasanian Persian Destruction of the Tyropoeon Valley», *BASOR* 287 (1992), S. 67–74.

16 Robert Schick, *The Christian Communities of Palestine from Byzantine to Islamic Rule* (Princeton, NJ, 1995), S. 37f. und 327–330.

17 Leah Di Segni, «Epigraphic Finds Reveal New Chapters in the History of the Church of the Holy Sepulcher in the Sixth Century», *New Studies on Jerusalem* 12 (2006), S. 157–163.

18 D. Ben-Ami u. a., «New Archaeological and Numismatic Evidence for the Persian Destruction of Jerusalem in 614 CE», *Israel Exploration Journal* 60, 2 (2010), S. 204–221; G. Bijovsky, «A Single Die Hoard of Heraclius from Jerusalem», *Mélanges Cécile Morrisson, Travaux et Mémoires* (Paris 2010), S. 55–92.

19 Clive Foss, «The Persians in the Roman Near East», *Journal of the Royal Asiatic Society,* Series 3, 13 (2003), S. 149–170.

20 Avni, *The Byzantine-Islamic Transition in Palestine.*

6 Mohammed und Medina

1 Zu diesen beiden rätselhaften Texten siehe zuletzt Y. Tobi, «The Jews of Yemen in Light of the Excavation of the Jewish Synagogue in Qanīʾ», *Proceedings of the Seminar for Arabian Studies* 43 (2013), S. 349–356. Einen grundlegenden Überblick zu den Juden Südwestarabiens gibt C. J. Robin, «Ḥimyar et Israël», *CRAI* 148, 2 (2004), S. 831–906.

2 Siehe F. M. Donner, *Muhammad and the Believers at the Origins of Islam* (Cambridge, MA, 2010), S. 34f. Zu den jüdischen Gemeinden in Arabien siehe genauer «Quel judaïsme en Arabie?», in *Le judaïsme de l'Arabie antique, Actes du colloque de Jérusalem (février 2006),* hg. von C. J. Robin (Turnhout 2015), S. 15–295; zu den jüdischen Gemeinden im nördlichen Hedschas siehe S. 162.

3 Hierzu siehe G. W. Bowersock, *The Throne of Adulis* (New York 2013).

4 Isabel Toral-Niehoff, *Al-Ḥīra: Eine arabische Kulturmetropole im spätantiken Kontext* (Leiden 2014), S. 157f.

5 Michael Lecker, «The Goal of the Khazraj in the Battle of Buʿāth», in «Were the Ghassānids and the Byzantines behind Muḥammad's *hijra?*», in *Les Jafnides: Des rois arabes au service de Byzance,* hg. von D. Genequand und C. J. Robin, Bd. 17 von *Orient et Méditerranée* (Paris 2015), S. 278f.

6 S. A. Arjomand, «The Constitution of Medina: A Sociolegal Interpretation of Muhammad's Acts of Foundation of the *Umma*», *International Journal of Middle East Studies* 41, 4 (2009), S. 555–575.

7 Lecker, «Were the Ghassānids and the Byzantines behind Muḥammad's *hijra?*», in *Les Jafnides. Des rois arabes au service de Byzance,* hg. von D. Genequand und C. J. Robin, *Orient et Méditerranée* 17 (Paris 2015), S. 277–293.

8 Zu diesem Phylarchen und den Palmenhainen siehe Procop., *De Bellis* 1.19.8–13. Abū Karib taucht in den neu entdeckten Petra Papyri auf: *The Petra Papyri IV,* hg. von A. Arjava u.a. (Amman: *ACOR,* 2011), pap. no. 39, Zeilen 165 und 488, mit Kommentar zu 90 (für Zeile 165).

9 Ibn al-Isḥāq, *Sīrat rasūl Allāh,* 740–746; vgl. *The Life of Muhammad,* ins Englische übersetzt von A. Guillaume (Oxford 1955), S. 499–503.

7 Das Interregnum der vier Kalifen

1 Das Interregnum, Thema dieses Kapitels, wurde, wenngleich aus schiitischer Sicht, gründlich untersucht von Wilferd Madelung in *The Succession to Muhammad* (Cambridge 1997). S. J. Shoemaker ging in *The Death of a Prophet: The End of Muhammad's Life and the Beginnings of Islam* (Philadelphia 2012) Spuren nach, denen zufolge Mohammed nicht im Jahr 632 starb.

2 Thomas Presbyter in *Chronica Minora* (Brooks) II.1.147f: *ṭayyāyē d-mḥmt. Doctrina Iacobi nuper Baptizati* 5.16: *ὁ προφήτης ἀνεφάνη ἐρχόμενος μετὰ τῶν Σαρακηνῶν.*

3 al-Ṭabarī, *Ta'rīkh*, hg. von de Goeje u. a., Bd. 1, S. 1794f.

4 M. Piccirillo, *L'Arabia Cristiana* (Mailand 2002), S. 219–223.

5 Zu Caesarea siehe Gideon Avni, *The Byzantine-Islamic Transition in Palestine: An Archaeological Approach* (Oxford 2014), S. 45–48. Zu Theophanes siehe Maria Conterno, *La «descrizione dei tempi» all'alba dell'espansione islamica,* Millennium-Studien 47 (Berlin 2014); und «L'abominio della desolazione nel luogo santo: l'ingresso di ʿUmar I a Gerusalemme nella Cronografi a di Teofane Confessore in tre cronache siriache», in *Luoghi del desiderio: Gerusalemme medievale,* Quaderni di storia religiosa (Verona 2010).

6 S. Bashear, «Qibla Musharriqa and Early Muslim Prayer in Churches», *The Muslim World* 81 (1991), S. 267–280.

7 Theophanes Confessor, *Chronographia,* hg. von De Boor, 2 Bände (Leipzig 1883–1885), Bd. 1, S. 339; *The Chronicle of Theophanes Confessor,* ins Englische übersetzt von C. Mango und R. Scott (Oxford 1997), S. 471f.

8 Dan 11,31, Mt 24,15 und Mk 13,14.

9 Agapius, *Kitāb al-ʿunwān,* hg. von A. Vasiliev, *Patrologia Orientalis* 11.1, S. 475. Zu 945 als *terminus ante* für Agapius siehe Maria Conterno, *La «descrizione dei tempi»,* S. 123, Fußnote 58; Michael Syrus, *Chronique,* hg. von Chabot (Paris 1924), Bd. 4, S. 419f. (syrisch); und *Chronicon* von 1234, hg. von Chabot u. a., *CSCO* 81, *Scriptores Syri* 36, S. 199f.

10 Conterno, *La «descrizione dei tempi»* und «L'abominio della desolazione nel luogo santo», S. 9–24. Zur traditionellen Sicht des Theophilus von Edessa siehe R. Hoyland, *Theophilus of Edessa: Chronicle* (Liverpool 2011).

11 PERF (Archduke Rainer Collection) Nr. 558. Foto, Transkription und Übersetzung dieses Papyrus sowie Erläuterungen dazu finden sich unter http://www.islamic-awareness.org/History/Islam/Papyri/PERF558.html

12 Siehe hierzu B. Sadeghi und M. Goudarzi, «Ṣanʿāʾ 1 and the Origins of Islam», *Der Islam* 87 (2010), S. 1–129; sowie F. Déroche zum frühen Kodex, von dem sich Seiten in Paris und St. Petersburg befinden: «The Codex Parisino-petropolitanus and the *ḥijāzī* Scripts», im Supplementband zu *Proceedings of the Seminar for Arabian Studies*, Bd. 40, *The Development of Arabic As a Written Language*, hg. von M. C. A. Macdonald (Oxford 2010), S. 113–120.

13 Saïd Nuseibeh und Oleg Grabar, *The Dome of the Rock* (New York 1996), S. 78.

14 So P. K. Hitti 1937 in seinem Standardwerk *History of the Arabs* (London 1937), S. 182.

15 Daran lässt Gideon Avni keinen Zweifel in *The Byzantine-Islamic Transition in Palestine.* Zum Münzwesen siehe Clive Foss, *Arab-Byzantine Coins: An Introduction, with a Catalogue of the Dumbarton Oaks Collection* (Washington, DC, 2008).

8 Eine neue Ordnung

1 Zu diesen Umbrüchen siehe G. W. Bowersock, «Le tre Rome», *Studi Storici* 47 (2006), S. 977–991.

2 Siehe Kapitel 7 des vorliegenden Buches sowie die grundlegende Studie von Gideon Avni, *The Byzantine-Islamic Transition in Palestine: An Archaeological Approach* (Oxford 2014). Eine neuere Untersuchung frühislamischer Orte in Zentraljordanien (wo es gleichfalls keinen grundlegenden Wandel gegenüber vorislamischer Zeit gab) ist Bethany Walker, «The Islamization of Central Jordan in the 7th–9th Centuries: Lessons Learned from Hisbān», *JSAI* 40 (2013), S. 143–175, bes. S. 164: «Die Stadt scheint bis weit ins 8. Jahrhundert n. Chr. hinein ein bedeutendes kirchliches Zentrum geblieben zu sein.»

3 Maria Conterno, *La «descrizione dei tempi» all'alba dell'espansione islamica: un'indagine sulla storiografia greca, siriaca e araba fra VII e VIII secolo* (Berlin 2014). Wie in Kapitel 7 erwähnt, widerlegt Conterno Theophilus von Edessa als syrische Quelle für Theophanes und verweist auf zeitgenössische griechische und arabische Quellen, aus denen sich die syrische Tradition speist.

4 *The Armenian History Attributed to Sebeos*, 2 Bände, ins Englische übersetzt von R. W. Thomson und mit einem Kommentar von James Howard-Johnston (Liverpool 1999).

5 Die Papyri aus Nessana sind ein hervorragendes Beispiel für den Gebrauch des Griechischen in dieser Zeit: *Excavations at Nessana*, Bd. 3

von *Non-literary Papyri,* hg. von C. J. Kramer Jr. (Princeton, NJ, 1958). Zu den Münzen siehe Clive Foss, *Arab-Byzantine Coins: An Introduction, with a Catalogue of the Dumbarton Oaks Collection* (Washington, DC, 2008).

6 Chase F. Robinson, *'Abd al-Malik* (Oxford 2005), S. 31–48.

7 Ebd., S. 50.

8 Siehe Foss, *Arab-Byzantine Coins,* bes. S. 109–111 zum Ende des arabobyzantinischen Münzwesens.

9 Robinson, *'Abd al-Malik,* S. 95–100.

9 Der Felsendom in Jerusalem

1 Siehe die ausführliche Einleitung und die großartigen Fotos in Saïd Nuseibeh und Oleg Grabar, *The Dome of the Rock* (New York 1996). Eine meisterhafte Beschreibung des Bauwerks und seiner Geschichte durch einen Wissenschaftler, der dessen Erforschung sein ganzes Leben gewidmet hat, ist Oleg Grabar, *The Dome of the Rock* (Cambridge, MA, 2006).

2 Ich danke Peter Brown, der mich auf diesen wichtigen Text aufmerksam gemacht hat; er ist heute verfügbar in der zuverlässigen Ausgabe von Denis Meehan, A*domnán's De Locis Sanctis* (Dublin 1958).

3 Der Erste, der dies thematisierte, war Thomas O'Loughlin in seinem Aufsatz «The Exegetical Purpose of Adomnán's *De Locis Sanctis*», *Cambridge Medieval Celtic Studies* 24 (1992), S. 37–53 und noch ausführlicher in seinem Buch *Adomnán and the Holy Places: The Perceptions of an Insular Monk on the Locations of the Biblical Drama* (London 2007); Rodney Aists Rezension im *Bulletin of the Anglo-Israel Archaeological Society* 26 (2008) markiert eine Umkehr der revisionistischen Welle.

4 Robert Hoyland und Sarah Waidler, «Adomnán's *De Locis Sanctis* and the Seventh-Century Near East», *English Historical Review* 129, 539 (August 2014), S. 787–807.

5 Die deutsche Übersetzung wurde zitiert nach *Arculf. Eines Pilgers Reise nach dem heiligen Lande (um 670),* aus dem Lateinischen übersetzt und erklärt von Paul Mickley; Erster Teil: Einleitung und Buch I: Jerusalem (Leipzig 1917), S. 19f.

6 Die in dieser Sure erwähnte Moschee in Jerusalem kann nicht die Moschee sein, die heute als die al-Aqsa-Moschee bekannt ist. Gemeint ist ganz allgemein die zur Zeit der Offenbarung am weitesten entfernte Moschee.

7 Zu dieser komplexen Tradition siehe Oleg Grabar, *The Shape of the Holy: Early Islamic Jerusalem* (Princeton, NJ, 1996), S. 113f.

8 «Chronicle of 1234, drawing from the lost work of Dionysius of Tel-Maḥrē», in A. Palmer und S. Brock, *The Seventh Century in West-Syrian Chronicles* (Liverpool 1993), S. 162.

9 Zu arabischen Inschriften in Schivta mit frühen Koranzitaten siehe Bilha Moor, «Mosque and Church: Arabic Inscriptions from Shivta in the Early Islamic period», *JSAI* 40 (2013), S. 73–111; für Moor ist dieses Korpus von Koranversen das «zweitwichtigste nach dem umayyadischen Felsendom in Jerusalem» (S. 76).

10 Grabar, *The Shape of the Holy,* S. 63f.; S. 184–186 enthält den arabischen Text der Inschriften auf der äußeren und inneren Seite des Oktogons sowie auf dem östlichen und nördlichen Portal.

11 Ebd., S. 63.

12 Sure 19, Vers 33 im kanonischen Koran gibt diese Worte als Worte Jesu in der ersten Person wieder.

13 Hier wie auch im Koran als Worte Jesu wiedergegeben.

14 Koran, 9,33 und 61,9.

15 Siehe Moshe Halbertal, *Maimonides: Life and Thought* (Princeton, NJ, 2013); und G. W. Bowersock, Rezension von S. Schama, *The Story of the Jews*, *New York Review of Books* 61, 7 (24. April 2014), S. 41–43.

Auswahlbibliographie

Die nachfolgende Liste enthält nicht alle in den Fußnoten erwähnten Bücher und Aufsätze, sondern gibt nur Hinweise auf im engeren Sinn relevante Literatur. Um umständliche Querverweise über mehrere Kapitel hinweg zu vermeiden, werden in den Fußnoten zu den einzelnen Kapiteln die Aufsätze und Bücher vollständig zitiert.

al-Azmeh, Aziz, *The Emergence of Islam in Late Antiquity: Allāh and His People,* Cambridge 2014.

Avni, Gideon, *The Byzantine-Islamic Transition in Palestine: An Archaeological Approach,* Oxford 2014.

Bowersock, G. W., *The Throne of Adulis,* New York 2013.

Conterno, Maria, *La «descrizione dei tempi» all'alba dell'espansione islamica. Un'indagine sulla storiografia greca, siriaca e araba fra VII e VIII secolo,* Millennium-Studien 47, Berlin 2014.

Crone, Patricia, *Meccan Trade and the Rise of Islam,* Princeton 1987.

Donner, Fred, *Muhammad and the Believers*, Cambridge, MA, 2010.

Gajda, Iwona, *Le royaume de Ḥimyar à l'époque monothéiste,* Paris 2009.

Genequand, D., und C. J. Robin (Hg.), *Les Jafnides: Des rois arabes au service de Byzance,* Paris 2015.

Grabar, Oleg, *The Shape of the Holy: Early Islamic Jerusalem,* Princeton, NJ, 1996.

Hawting, Gerald R., *The Idea of Idolatry and the Emergence of Islam,* Cambridge 1999.

Hoyland, Robert, *In God's Path: The Arab Conquests and the Creation of an Islamic Empire,* New York 2015.

Makin, Al, *Representing the Enemy: Musaylima in Muslim Literature,* Frankfurt a.M. 2010.

Payne, Richard E., *A State of Mixture: Christians, Zoroastrians und Iranian Political Culture in Late Antiquity,* Oakland 2015.

Robinson, Chase F., *'Abd al-Malik,* Oxford 2005.

Schick, Robert, *The Christian Communities of Palestine from Byzantine to Islamic Rule,* Princeton, NJ, 1995.

Toral-Niehoff, Isabel, *Al-Ḥīra: Eine arabische Kulturmetropole im spätantiken Kontext,* Leiden 2014.

Register